カネオくんと学

# おどろき！現代社会とお金のヒミツ

K「有吉のお金発見 突撃！カネオくん」制作班［編］

## あらゆる金額を可視化して現代社会を学ぶ！

お金大好きな番組キャラクターの“カネオくん”が、
興味はあるけど、なかなか聞くことができない
“お金にまつわるヒミツ”を掘り下げる、
テレビ番組「有吉のお金発見 突撃！カネオくん」。

この本では、番組の雰囲気をそのままに、
人気のテーマを厳選して再構成しました。

紹介するテーマは、
生活に密着した商品やサービス、最先端技術、社会現象など。

「ロマン」「食卓」「おうち」「お店・町」「働く車」「でっかいもの」という
カテゴリに分けて紹介しています。

好奇心旺盛な子どもと大人の
「なんで？」「知りたい！」「見てみたい！」という知識欲を刺激する、
意外な金額とストーリーが満載です。
さらには番組収録の舞台裏まで紹介します。

さあ、カネオくんと一緒に、現代社会とお金のヒミツを見ていこう！

### カネオくんとは

頭のがま口がチャームポイントの、リスの妖精。お金が大好きな、番組マスコットキャラクターなんだ。コスプレをして出張調査に出かけることもある。
カネオくんのヒミツについては、122ページから読めるよ！

### 「有吉のお金発見 突撃！カネオくん」

興味はあるけど、なかなか聞くことができない“お金にまつわるヒミツ”を掘り下げる、家族みんなで見られる教養バラエティー。お金大好きな番組キャラクター“カネオくん”(声の出演:千鳥・ノブ)が突撃調査。MCはNHK総合初レギュラーとなる有吉弘行。
毎回異なるスタジオゲストたちを招き、クイズなどを交えながら、お金のヒミツを楽しく学ぶ。

HPはこちら

放送
NHK総合
毎週土曜
午後8時15分～

# もくじ

## ロマン

### 宇宙



### 恐竜



### カプセルトイ

## 過酷レース



# 食卓

## ヨーグルト



## ポテトチップス



## アイス

## おうち

## 働く車

### 救急車



### 消防車



## でっかいもの

### 重機・クレーン

# 本書の見方

番組で大人気だったテーマを厳選して再構成！　生活に密着した商品やサービス、最先端技術、社会現象などのヒミツを紹介していくよ。

## クイズ形式！

カネオくんの素朴なギモンから始まるクイズ形式。知ってるつもりでよくわからない!?現代社会とお金について詳しくなれる！

## ビジュアル豊富！

それぞれの項目で紹介している内容は、文章をさらにわかりやすくするビジュアル写真がたっぷり。理解しやすく、飽きずに楽しめる。

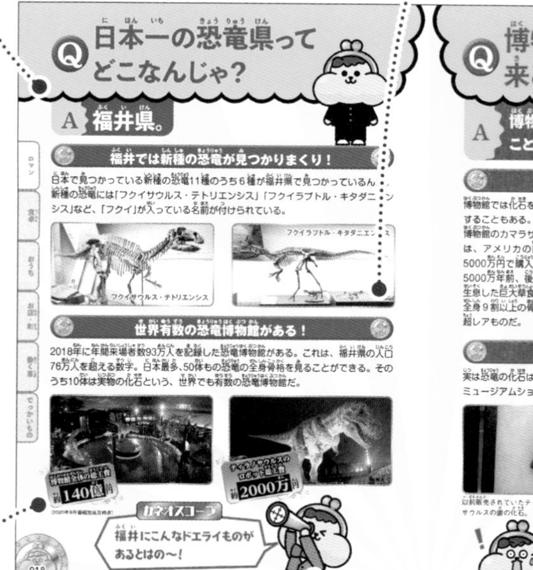

Q 日本一の恐竜県ってどこなんじゃ？

A 福井県。

ロマン
食卓
おうち
お店・街
働く車
でっかいもの

福井では新種の恐竜が見つかりまくり！

日本で見つかっている新種の恐竜11種のうち６種が福井県で見つかっているんだ。新種の恐竜には「フクイサウルス・テトリエンシス」「フクイラプトル・キタダニエンシス」など、「フクイ」が入っている名前が付けられている。

フクイサウルス・テトリエンシス

フクイラプトル・キタダニエンシス

世界有数の恐竜博物館がある！

2018年に年間来場者数93万人を記録した恐竜博物館がある。これは、福井県の人口76万人を超える数字。日本最多、50体もの恐竜の全身骨格を見ることができる。そのうち10体は実物の化石という、世界でも有数の恐竜博物館だ。

博物館全体の総工費 約140億円

ティラノサウルスのロボット総工費 約2000万円

（2020年9月番組放送日時点）

カネオスコープ

福井にこんなドエライものがあるとはの〜！

018

Q 博物館の化石ってどこから来とるん？ ワシも買えるん？

A 博物館では海外から化石を購入することもある。個人でも買えるよ。

貴重な化石はお値段もすごい！

博物館では化石を海外から購入することもある。福井県立恐竜博物館のカマラサウルスの化石は、アメリカの業者から２億5000万円で購入。これは１億5000万年前、後期ジュラ紀に生息した巨大草食竜の化石で、全身９割以上の骨が残っていた超レアものだ。

お値段 2億5000万円

100万円を超えるものもある!?

実は恐竜の化石は誰でも買えるんだ。例えば東京・上野にある国立科学博物館の中のミュージアムショップでは、ティラノサウルスの歯の化石が売られていたことも！

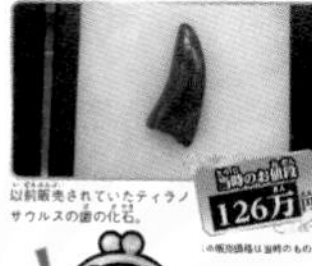

以前販売されていたティラノサウルスの歯の化石。

当時のお値段 126万円

（※販売価格は当時のもの）

国立科学博物館 ミュージアムショップ店長 川崎信之さん

100万を超える化石も年に１回ぐらいは売れています。最近印象に残っているのは、小学校の頃から憧れてずっと貯金していて、やっと買えるようになったって、買いにきてくれた20歳くらいの人かな。

019

## びっくりの金額も！

興味はあるけど聞けないのがお金のこと。お店や会社で、物を作ったりサービスを提供したりするためにいくらお金がかかっているのか、驚きがいっぱい！

## その世界のプロが教えてくれる！

それぞれのテーマで番組にも登場した、プロフェッショナルな大人たちも再登場！　知らなかったちょっとした知識や、ナルホド話に興味津々！

## カネオくんと一緒に学ぼう！

いろんな服装、かわいい表情のカネオくんがあちこちに登場！　一緒に楽しく学べる。

# 宇宙時代到来!? 宇宙のお金のヒミツってどうなっとるん?

## 今、宇宙がアツい!?

宇宙といえば日本では宇宙航空研究開発機構(JAXA)。最新の宇宙技術の研究開発を行っているJAXAにカネオくんが潜入した！

JAXAの生き字引こと JAXA広報部参事(当時) 宮里光憲さん

筑波宇宙センターには人工衛星などの模型が！

船外活動に欠かせない装置だ(NASAの宇宙服の模型)。

この後ろの生命維持装置には酸素タンクや通信設備など宇宙空間で作業するための装置が備わっているんだよ。

14層仕立ての生地。有害な宇宙線から体を保護したり、宇宙ゴミがぶつかって酸素がもれたりするのを防ぐ。冷却下着の層もあり、冷却水チューブの長さは84m、電車4両分くらい！

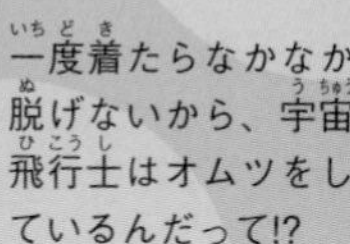

一度着たらなかなか脱げないから、宇宙飛行士はオムツをしているんだって!?

# Q「はやぶさ2」の着陸は何がすごいん？

## A 例えるなら日本からブラジルにある0.4㎜の的を弓矢で狙うくらいのことをやってのけた！

### 地球や生命誕生の秘密を解き明かすためにも！

2019年、小惑星探査機「はやぶさ２」は、小惑星リュウグウへのタッチダウン、そして小惑星において世界初のクレーター形成実験に成功して話題に！　リュウグウには太陽系誕生時の最も古い情報が残っている可能性があり、表面物質を調べれば地球や生命誕生の秘密が解き明かせるかもしれないのだ。

はやぶさ
プロジェクト
ミッション
マネージャ(当時)
吉川 真さん

小惑星リュウグウ。直径はわずか1km程度。

©JAXA、東大など

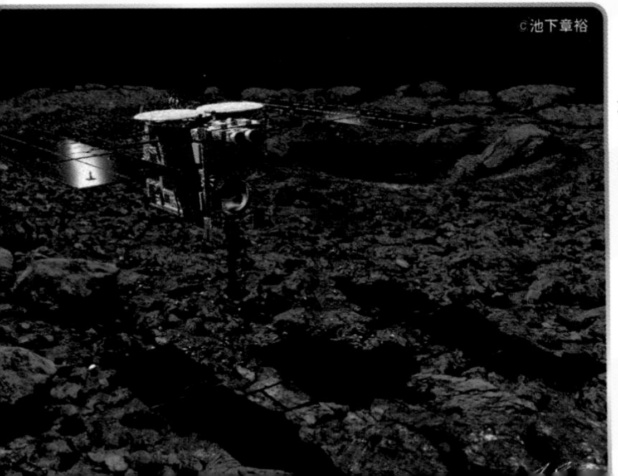


地球から打ち上げられた「はやぶさ２」は、3億km彼方にある小惑星リュウグウの直径6mの着陸地点を目指したんだって。

もうすごすぎて
わけが
わからんぞ！

# Q 宇宙開発の技術って何に役立っているん？

## A 暮らしをいろいろと便利にしてくれているよ。

### 宇宙開発の技術が命を守ってくれてる!?

スケールが大きくて遠い存在に思えてしまう宇宙の話。だけど、実は、宇宙開発の高い技術が、私たちの生活を意外なところで便利にしてくれているんだ。

#### カーナビ

人工衛星から送られてくる電波を元に現在地を割り出し地図上に表示している。

#### サングラス

宇宙服のヘルメットに使われている紫外線カット技術を応用。

#### エアバッグ

火星探査機の着陸のため開発された、小さく折りたたんだ部品を膨張させ、あっという間に組み立てる技術を応用。

#### 缶のデコボコ模様（ダイヤカット）

強度を保ちつつ軽量化できるダイヤカットと呼ばれる形状。もともとは極超音速機の胴体破壊を研究している過程で生まれたという。

# Q 宇宙飛行士になるのってたいへんなんか？

## A 宇宙という特殊な空間で、実験や研究、システム管理などさまざまな任務を行うからたいへんだよ！

### いろんな試験が待ち受ける！

宇宙飛行士になるためにはJAXAが不定期に行う試験に合格する必要がある。一般教養や専門科目の筆記試験、面接に加え、さまざまなストレスがかかる宇宙飛行士ならではの変わったテストがあったことも！

過去の試験で使われたホワイトパズル。絵が何も描いていないから完成させるのにすごく時間がかかる。

折り鶴を折るという課題が出たことも。1日1時間、4日で400羽というノルマが課されたとか。

### 宇宙飛行士のお給料 JAXA職員と同等

宇宙でさまざまな任務を行う宇宙飛行士（画像はイメージ）。2021年JAXA宇宙飛行士募集時は、受験者4127人から2人の候補者が選ばれた。

実際に宇宙に行った元・JAXA宇宙飛行士の山崎直子さん。2010年スペースシャトル「ディスカバリー号」に搭乗。「地球はキラキラと光っていて、地球自身がまるで生きているかのような輝きを持っていることがとっても感動しました」

# Q「宇宙旅行元年」っていつなん？

## A 2021年。多くの民間人が宇宙へ行ったよ。

### 民間主導の宇宙ビジネスが盛り上がり！

2011年NASA（アメリカ航空宇宙局）によるスペースシャトルの引退があり、アメリカ政府は、ロケット開発を民間へ移行すると発表。そこからNASAと民間企業が協力し、2020年には民間初の有人ロケット打ち上げ成功。2021年は29人の民間人が宇宙を旅した。

これまでは科学実験や操縦などの業務を行うために選ばれた宇宙飛行士しか宇宙へは行けなかった。写真は1984年スペースシャトル・チャレンジャー号による人類初の命綱なしの船外活動を行ったアメリカ・NASAの宇宙飛行士による宇宙遊泳。

©前澤友作

2021年には、実業家の前澤友作さんが日本の民間人で初めて国際宇宙ステーション（ISS）に渡航・滞在した。アメリカの宇宙旅行代理店経由で国際宇宙ステーションへ行き12日間過ごすという滞在プランで、その総額は２人でおよそ100億円以上とも言われている。

# Q 日本の会社が計画してる宇宙飛行ってどんなん？

## A 飛行機に乗るように自由に地球と宇宙を行き来する未来のロケット！

### 日本初の有人宇宙飛行を目指している！

東京の宇宙ベンチャー企業が、宇宙旅行を計画中。現在、2027年度までに衛星を打ち上げるロケットを開発していて、その後、2030年には日本から人を乗せて宇宙に数分間行ける宇宙旅行を予定している！　2040年代には宇宙を経由して、世界どこでも1時間で行ける未来を目指しているんだとか！

2019年に打ち上げられた、有翼ロケット実験機。

牛の糞尿（排泄物）等から出るメタンを利用したバイオ燃料をロケットに使用する予定！　エコな宇宙開発も進めている！（写真はイメージ）

2030年に計画されている宇宙旅行！　有翼式再使用型ロケットで飛行機に乗るように宇宙に行けるようになるんだとか！

ワシもぶらっと宇宙旅行してみたいの〜！

写真提供：株式会社SPACE WALKER

※本ページには番組放映後の独自取材が含まれています。

# Q 人工の流れ星が作れるってホントなん？

## A ホント。人工衛星に搭載して宇宙から粒を放出する。

### 将来的には花火大会の流れ星版に!?

観光客誘致を目指す最新宇宙ビジネスの一つが「人工流れ星」！　小さな粒を人工衛星に搭載して、宇宙から放出。大気圏に突入するときに光るひとつの粒がひとつの流れ星になる。時刻と場所を設定して、いろんな地域で人工流れ星を演出可能に！

この粒ひとつが、流れ星の素になる！

将来的には世界中のさまざまな地域で人工の流れ星や、流星群も作り出せるんだとか！

国や自治体で流れ星が見えるイベント「この地域に行けば流れ星が見える」という観光誘客のキラーコンテンツにしていただければと思います！

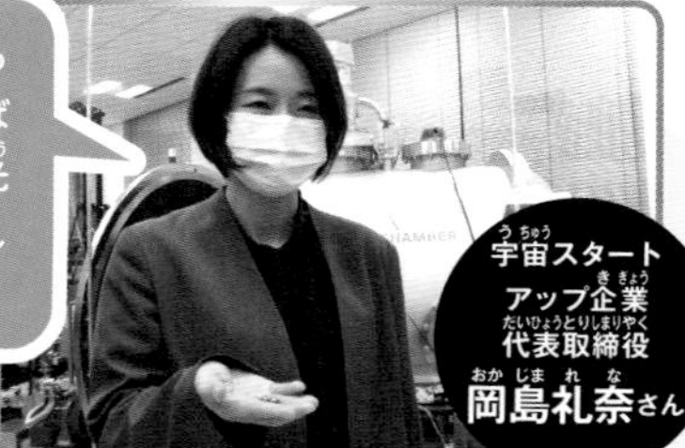

宇宙スタートアップ企業代表取締役
岡島礼奈さん

なるほど〜花火大会の流れ星版みたいなことか！

# Q どうやって宇宙人を探しとるんじゃ？

## A 知的生命体が出している電波をキャッチするため、SETIという研究が進められている！

### 宇宙人研究の最前線とは！

高度な文明を持った知的生命体がいれば、彼らは電波を使っているはず、というのがSETI（地球外知的生命体探査）の考え。地球外知的生命体が発信する電波をさまざまな方法で受信する研究を行っており、実際に（知的生命体からと思われる）候補的な（疑わしい）電波を受信したことがある！

理学博士
鳴沢真也さん

宇宙の歴史は138億年あるんです。我々が電波通信を始めてたった100年。地球人の文明なんて遅れてますよ！

実際に（知的生命から と思われる）候補的な（疑わしい）電波を受信したことがある！　1977年にアメリカのオハイオ州で受信したこの電波、観測していた研究者が、興奮してWow!と書いたことからついた名前は「Ｗｏｗ！シグナル」。

宇宙からの電波を受信するアンテナの進化もめざましい。4光年先の星からのテレビ電波を受信できるレベルの高感度アンテナも計画進行中とか！

こりゃ宇宙人からの電波をリアルにキャッチする日も近そうじゃ！

# Q 日本一の恐竜県ってどこなんじゃ？

## A 福井県。



### 福井では新種の恐竜が見つかりまくり！

日本で見つかっている新種の恐竜11種のうち６種が福井県で見つかっているんだ。新種の恐竜には「フクイサウルス・テトリエンシス」「フクイラプトル・キタダニエンシス」など、「フクイ」が入っている名前が付けられている。

フクイサウルス・テトリエンシス

フクイラプトル・キタダニエンシス

### 世界有数の恐竜博物館がある！

2018年に年間来場者数93万人を記録した恐竜博物館がある。これは、福井県の人口76万人を超える数字。日本最多、50体もの恐竜の全身骨格を見ることができる。そのうち10体は実物の化石という、世界でも有数の恐竜博物館だ。

博物館全体の総工費
約140億円

ティラノサウルスのロボット総工費
約2000万円

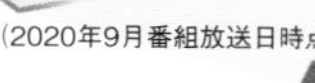

（2020年9月番組放送日時点）

カネオスコープ

福井にこんなドエライものがあるとはの〜！

# Q 博物館の化石ってどこから来とるん？ワシも買えるん？

## A 博物館では海外から化石を購入することもある。個人でも買えるよ。

## 貴重な化石はお値段もすごい！

博物館では化石を海外から購入することもある。福井県立恐竜博物館のカマラサウルスの化石は、アメリカの業者から２億5000万円で購入。これは１億5000万年前、後期ジュラ紀に生息した巨大草食竜の化石で、全身９割以上の骨が残っていた超レアものだ。

お値段
2億5000万円

## 100万円を超えるものもある!?

実は恐竜の化石は誰でも買えるんだ。例えば東京・上野にある国立科学博物館の中のミュージアムショップでは、ティラノサウルスの歯の化石が売られていたことも！

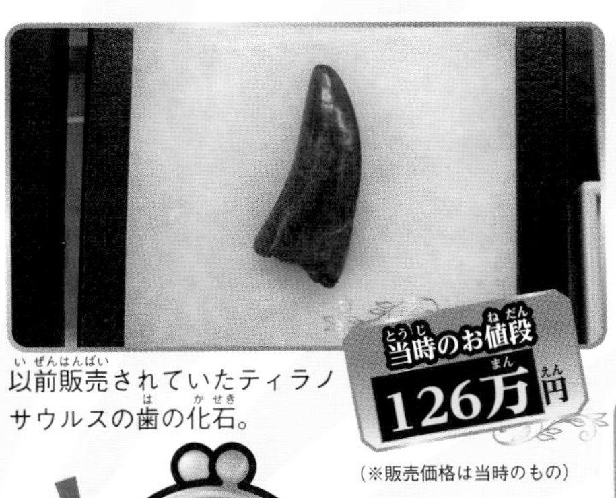

以前販売されていたティラノサウルスの歯の化石。

当時のお値段
126万円

（※販売価格は当時のもの）

国立科学博物館
ミュージアムショップ店長
川崎信之さん

100万を超える化石も年に１回ぐらいは売れています。最近印象に残っているのは、小学校の頃から憧れてずっと貯金していて、やっと買えるようになったって、買いにきてくれた20歳くらいの人かな。

# Q どうやって化石を探しとるんじゃ？

## A 化石ハンター（恐竜学者など）が、お金と労力をかけて探しているよ！

### 発掘場所に行くだけで100万円!?

世界中で化石は見つかっているけど行くのが大変な場所も多い。アメリカ・アラスカでの発掘の場合、貸し切りのヘリコプターでしか行けず、1日100万円かかることも！

ヘリコプターチャーター代1日
約100万円


写真提供：小林快次

### チョー過酷！ 砂漠を歩く！ ちょっとずつ掘る！

40度近い気温の砂漠を、化石を求めて１日30km歩くことも！　化石の一部が見つかったら、壊さないようハケや細かい器具でほんの少しずつ掘り進める。チョー過酷なお仕事なのだ。

10種類もの新種の恐竜の化石を発見しているスゴ腕の化石ハンター。

国や研究機関から研究費や支援金をもらって調査しているよ。だから見つけた化石は僕のものになるわけでなく、その国の研究のために使われているんだ。

驚き！ ひみつストーリー

## 博物館の恐竜展示を変えたスゴイ人がいた！

1962年まで日本の博物館に恐竜の「全身骨格」はなかった。当時アメリカで成功していた実業家の小川勇吉さんがそれに気づくと私財を投じ、実物化石で作った全身骨格を日本の国立科学博物館に寄贈した。

全身骨格を日本にもたらした小川勇吉さん。

## 展示方法が進化している！

博物館では最新の研究成果に基づいて、展示方法も変えている。例えば恐竜の代名詞「ティラノサウルス」。国立科学博物館では、最新の学説に基づき、2015年以降、しゃがんだ状態での展示にしているんだ。

展示の際のポーズは、最新研究に基づき、よりリアルになっている。

ワシも気づけばしゃがんで
ばっかの年齢じゃわい

# Q 最近なんでカプセルトイのマシンがいっぱい並んどるんじゃ？

## A ぽつんと置くより、売り上げがアップするから。

### 大人にも子どもにも大人気！ 専門店が増えている

街で見かけるカプセルトイ。ガチャガチャと回し、何が出てくるかわからない楽しさで人気だ。専門店が増え、市場規模が急拡大しているんだ。

### 子どもに人気の定番から変わり種まで！

定番のおままごとセットや、リアルな音が出るバスの降車ボタンといった、小さいカプセルに入った楽しいおもちゃがいろいろ。毎月約500種類の新商品が並ぶお店もあるそうだ。

定番のおままごとセット。

バスの降車ボタンも！

## マシンをずらりと並べると売り上げアップ！

同じものを繰り返し並べると、人の目が引き付けられて集客がアップする。これを「リピテーション陳列」という。インパクトが増すだけでなく、1人のお客さんがより多く回してくれるんだ！

リピテーション陳列は効果的。

1台のマシンでひと月10万円以上！のものも

中央大学教授
寺本 高先生

リピテーション陳列は、ポツンと2、3台置いておくより売り上げが増える傾向があるんだよ！

心理学を使って売り上げアップじゃと。恐るべしじゃ〜！

### ひみつミニコラム！ これ何!? マニアに大ウケのカプセルトイ

2018年には東京の地下鉄路線図の「立体模型」カプセルトイが登場して人気を集めた。東京メトロや都営地下鉄の監修で作られ、組み立てると地下を網目のように張り巡らされた地下鉄の全体像が現れる！

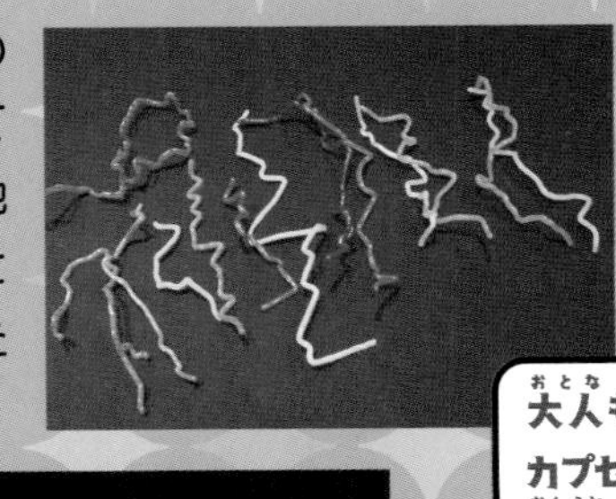

オレンジは銀座線、水色は東西線などと各路線のカラーで作られた立体模型だ。

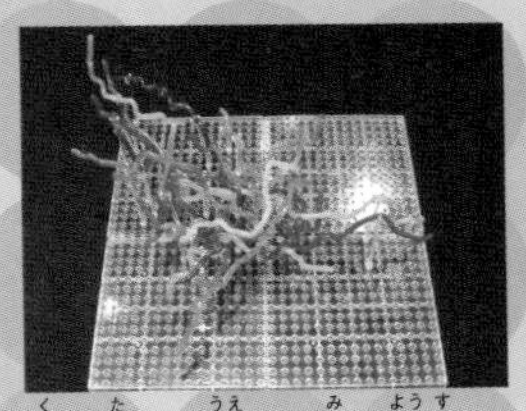

組み立てて上から見た様子。

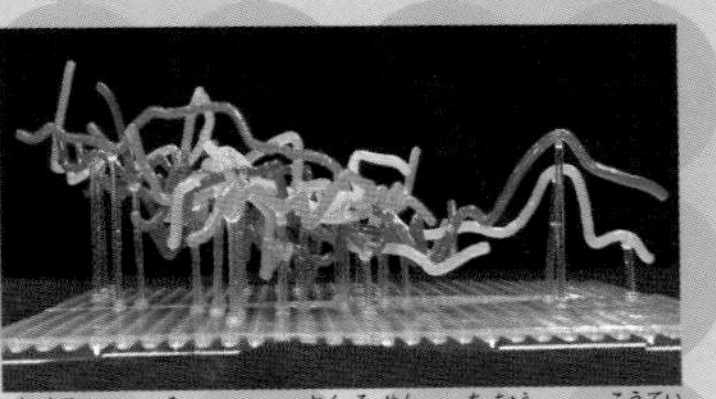

真横から見ると、各路線の地中での高低差もわかる。

大人も夢中にさせるカプセルトイ、奥深い世界じゃ！

ロマン　食卓　おうち　お店・町　働く車　でっかいもの

# なんで大人がカプセルトイに夢中になっとるんじゃ？

## A 子どもだけでなく大人をターゲットにした商品が増えているから。



### 大人が夢中になってしまったきっかけは？

ずっと子どもに人気のカプセルトイだが、テレビゲームの台頭やスマホの普及で子どもたちの興味が細分化すると、2009年頃まで人気がやや停滞。そこでメーカーが大人をターゲットにした商品を出すと大当たり！

累計出荷数 1.8億個以上！

子ども向けカプセルトイといえばこれ。

累計出荷数 2000万個！

話題を呼んだ、コップのフチにいろいろなポーズで引っかかる会社員女性を模したカプセルトイ。当時10万個売れればヒットといわれていたなか累計で2000万個以上を売り上げる大ヒットを記録。カプセルトイ市場を広げ昨今のカプセルトイブームを作るきっかけになった。

日本の銘酒
定番の日本酒がミニチュアに！
約6cm

写真提供：ケンエレファント

大人向けのカプセルトイが登場。

いまカプセルトイが大人に人気の理由を教えるよ！

世の中の流行や経済に詳しいマーケティングアナリストの原田曜平さん

## 大人もくぎづけ！ 理由その1 精巧さ

超リアルでハイクオリティーなカプセルトイが受けている。本物そっくりの生き物のカプセルトイは、2018年からシリーズ化され累計販売個数は1200万個以上だ！

リアルで精巧な生き物カプセルトイ。

ハイクオリティーさを追求！

500〜2000円！

このアリは500円！

大手おもちゃメーカー
誉田恒之さん

オオクロアリの標本を研究してデータ化。猛毒の針を出すところまで再現してるよ。

## 大人もくぎづけ！ 理由その2 クセつよ系

写真撮影したくなるインパクト重視のカプセルトイもトレンドだ。いかにSNSでバズるかが、カプセルトイ業界では重要な要素のひとつなんだ。

ギャルが折った折り紙。

赤の他人の証明写真。

カプセルなしのものも。

おにぎり型ケースに、焼きたらこなどの具付きリングが斬新！

シリーズ累計

260万個以上！

1個300円として、
7億5000万以上か!?

# Q 世界一過酷なバイクレースの完走率は？

## A 1%以下！

### 鉱山をバイクで走る！

世界一過酷といわれるバイクのレースは、オーストリア・アイゼンエルツにある鉱山が舞台。全長40kmの岩場や沼など過酷な環境を走る。1995年に始まり、世界40か国以上からおよそ1500人ものライダーが参加する！

標高差は1000m！ 制限時間は４時間以内！

by ANS Press Sciety News/CC BY-ND 2.0

ライダーを待ち受ける難所がたくさん！

いたるところでクラッシュ続出！ 完走者は例年1500人中10人ほど。

by Christian Pichler CC BY-SA 2.0

石が飛んでくる急斜面も駆け上がる！

完走率 1%以下！

# Q 過酷レースにチャレンジするのはいくらなんじゃ？

## A 参加費は5万5000円ほど。だけど他にもいろいろかかるよ！

### バイクのカスタムもたいへん！

オフロードライダーの藤原慎也さんによると、バイクの改造費だけでもかなりの額がかかるそう。岩場でもパンクしない特別なタイヤや、激しい衝撃を吸収しやすいよう車体とタイヤを結び付けているサスペンションのカスタムなど特別な仕様なんだ。

オフロードライダーとして数々の大会を制覇！トップライダーの一人、藤原慎也さん。

大会仕様オフロードバイク総額
約300万円

バイク本体120万円、カスタム費用160万円！（クッション性の高い発泡ゴムが詰まったタイヤ4万円など）

参加費総額
約300万円

大会参加費がライダー１人あたり約5万5000円、バイク輸送費１台約30万円、ホテル代、飛行機代、スタッフの帯同費用等で約150万円。予備のパーツとか合わせて……大体300万円くらいかかるそうだ。

ひゃ〜！
バイクだけで300万
近くかかるんかぁ！

# Q 砂漠を走る過酷なマラソンで準優勝した日本人がおるんじゃと？

## A 尾藤朋美さんがサハラ砂漠を7日間、250km走るマラソンで準優勝したよ。

### 灼熱の砂漠を１週間も走る!?

世界一過酷なマラソンの一つといわれるのが、灼熱のサハラ砂漠を250km、７日間かけて走破するマラソン。1986年に始まり、2023年で37回目。50か国からおよそ1000人ものランナーが参加する。６日間毎日フルマラソンするようなものだそう。

コースは５つのステージに分かれており徹夜覚悟でおよそ90kmを走るステージも！　この６日目までのタイムの合計で順位を競う。

### 過酷なレースなら世界一になれるかも？と参加

2021年、この過酷な大会に初参加し、いきなり女子準優勝という快挙を達成、2023年の大会でも女子３位という結果を出したのが、尾藤朋美さん。こんな過酷なレースならライバルが減るので、世界一になれるかも？　と思ったそうだ。

元保育士で、現在はプロランナーとして世界各国の砂漠や山など過酷な場所を駆け巡る尾藤朋美さん。

## 過酷すぎる砂漠のレース！

サハラ砂漠の最高気温は52度に達することも。そんな中、１週間走り続ける過酷さは、選手たちを苦しめる！

（2021年参加時）

©2023年大会

| 1日目 | | 2日目 | | 3日目 | | 4日目～5日目 | | | | 6日目 | | 7日目 |
|---|---|---|---|---|---|---|---|---|---|---|---|---|
| 昼 | 夜 | 昼 | 夜 | 昼 | 夜 | 昼 | 夜 | 昼 | 夜 | 昼 | 夜 | 昼 |
| 36km | キャンプで野宿 | 31.7km | キャンプで野宿 | 34.4km | キャンプで野宿 | 90km 徹夜覚悟で走破！ | | | | 42.2km | キャンプで野宿 | チャリティーラン 9km |

6日目までのタイムの合計で競う

毎日フルマラソン並みの距離！

給水はあるが、常に節約が必要。

食糧や着替え、寝袋などを背負って走る！

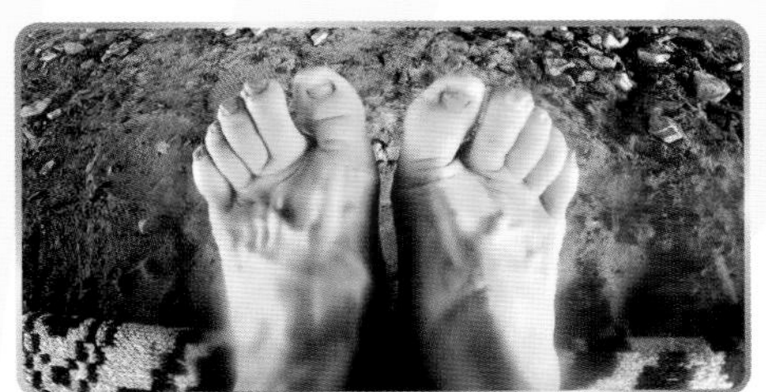
足はむくみ、マメも！

夜には体調を崩す選手が続出。

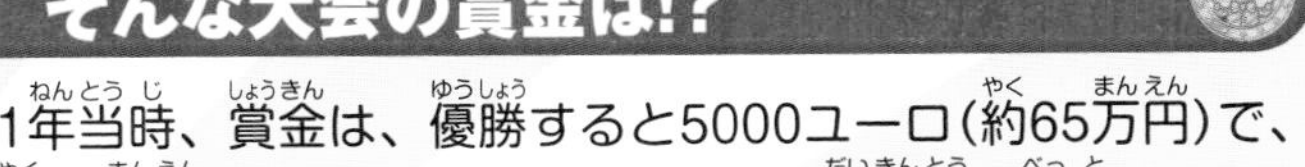

## そんな大会の賞金は!?

尾藤さんが参加した2021年当時、賞金は、優勝すると5000ユーロ（約65万円）で、準優勝では3000ユーロ（約39万円）くらい。ただ、エントリー代金等も別途かかるので赤字だったとか！

そんなツラくて
赤字なのに挑戦するなんて
すごすぎじゃろ～!?

でもエントリー代45万、それ以外に渡航費や宿泊費などを合わせると100万くらいかかってしまったそうだ。

# Q とんでもない高さの崖から飛び込む競技があるんじゃって？

## A クリフダイビングという高さ27mから飛び込む競技がある。

### 超過激！ 崖から飛び込むスポーツ

崖などの高所から飛び込み、空中で繰り出す技や着水時の姿勢などの芸術性を競う超過激なスポーツ、「クリフダイビング」。近年では大手エナジードリンクメーカーが世界大会を主催するなど盛り上がりを見せている。

すごい高さからアクロバティックに水に飛び込む過激スポーツだ！

### 日本のパイオニアは元飛込競技者！

崖から飛び込み練習をする、クリフダイバーの荒田恭兵さん。 大学まで飛込競技をしていた荒田さんがクリフダイビングに出会ったのは5年前。出会うやいなやその魅力にドハマリし、世界各国でダイブしまくりだという！

危険と隣り合わせ。通常の飛込競技の比にならない怖さはあるという。

## 普通の飛込とどう違う？

通常の高飛込は10mの飛込台を使うが、クリフダイビングの男子規定は27m、女子は20m。ビルの９階くらいの高さなので、衝撃が全く違う。時速85～90kmぐらいのスピードで水に突入する。関節の脱臼などケガをしてしまうことも！

クリフダイバーの荒田恭兵さん。クリフダイビングは必ず足から着水する。体勢が崩れたりバランスを崩したりしたら、骨折などのケガにつながり、気を失うこともあるんだ！

## 荒田さんオススメ?! 断崖絶壁ベスト３

日本にはクリフダイビングのための27mの飛込台がない。荒田さんは日頃から地図サイトを使って日本中の崖をチェックし、気になる崖が見つかれば現地へ直行！　高さ、水深を調べて条件が合えば飛び込みの許可をもらい練習しているんだとか。

### 第3位 静岡県の牛着岩

景色がいいと富士山がドーンと見えて最高なんだとか。

### 第2位 福井県の東尋坊

有名な観光地。誰かに見てもらいながら競技するのは緊張感もありつつモチベーションにもなるそうだ。

### 第1位 三重県熊野市青の洞窟の崖

陸路がなくボートでしか行けず、さらに崖を登ってダイブする。しかし達成した瞬間の喜びは格別！

※いずれも特別な訓練を受け許可を得ています。一般の方は真似しないでください。

# みんな大好き ヨーグルトのお金のヒミツってどうなっとるん？

## 朝ごはんやおやつに大人気！

ヨーグルトはおいしいだけじゃなくて、カルシウムやたんぱく質が含まれていて栄養豊富。そして腸の調子を整えるということも知られ、子どもから大人まで人気。スーパーやコンビニではたくさんの種類が売られている。

現在、日本で販売されているものは200種類以上あるよ！

日本のヨーグルト生産量は増え続け、30年間で約3倍になっている。4000億円を超える市場規模になっている。家庭に欠かせない食品の仲間入りをした！

### ヨーグルトの生産量

1991年 約31万トン

2022年 約106万トン

よし！そんな大人気ヨーグルトのヒミツに突撃じゃあ！

出典：農林水産省「牛乳乳製品統計」、(一社)食品需給研究センター「食品製造業の生産動向」、インテージSRI＋

# Q ヨーグルトってどうやって作るん？

**A 「乳酸菌」で乳を発酵させてつくる。乳酸菌の働きによっていろんなおいしいヨーグルトができるよ。**

##  ヨーグルト作りに絶対欠かせないものとは？ 

ヨーグルト作りに、一番大事なものは乳酸菌。これを乳（ミルク）の入ったタンクに入れ、およそ40度で４時間から８時間温めると、乳酸菌の数が100倍以上に増える。それを乳と混ぜて容器に注入し、40度に保つ。ここで行われる乳酸発酵という働きにより、ヨーグルトができる。

冷凍された乳酸菌。

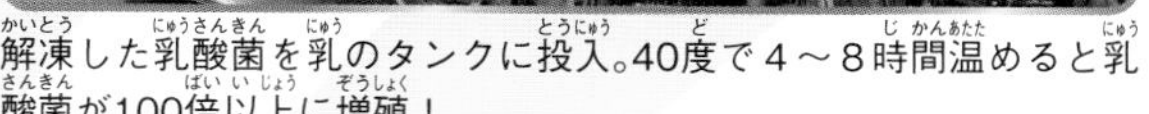

解凍した乳酸菌を乳のタンクに投入。40度で４～８時間温めると乳酸菌が100倍以上に増殖！

乳と混ぜて容器へ注入、40度に保つ。

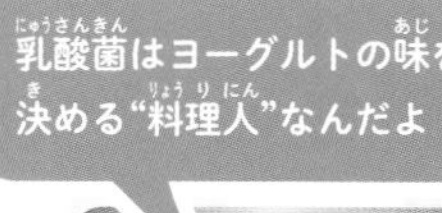

乳酸菌はヨーグルトの味を決める“料理人”なんだよ！

大手メーカー
中村克彦さん

乳酸菌！ そんな大活躍しとるとは！ 大したヤツじゃあ～！

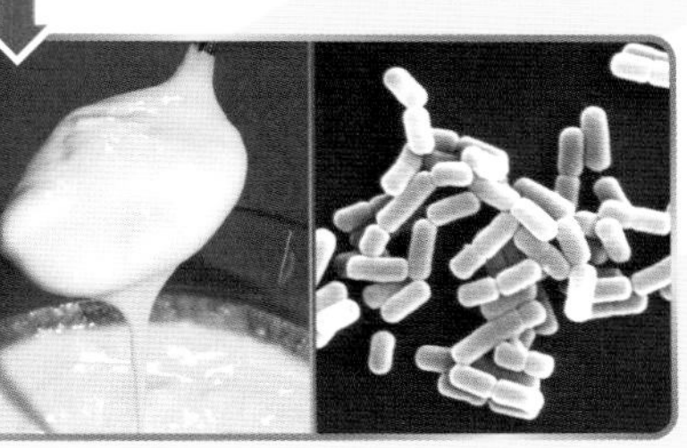

乳酸発酵により、ヨーグルトが固まり、さわやかな風味もつく。（写真提供：株式会社明治）

# Q ヨーグルトの売れ行きが乳酸菌によって決まるってホントなん？

## A ホント。乳酸菌がヨーグルトの味や性質を変え、それによって売れ行きが変わる。

ロマン
食卓
おうち
お店・町
働く車
でっかいもの

### カラダにいい効果を生む、乳酸菌ってすごい！

味噌やキムチにも入っている乳酸菌。腸の環境を整えてくれるのが有名だけど、さまざまな特徴がある乳酸菌を使って、いろんな性質のヨーグルトが生み出されているんだ。

キムチや味噌も乳酸菌の働きによって作られる。

乳酸菌の特徴を押し出してヒットしたヨーグルト。

### 未知の乳酸菌を探す「乳酸菌ハンター」とは!?

ヨーグルトを作る会社では新しい乳酸菌を探そうとがんばっている。「乳酸菌ハンター」ともいえる彼らは植物や動物、発酵食品などから採取した菌を地道に研究している。

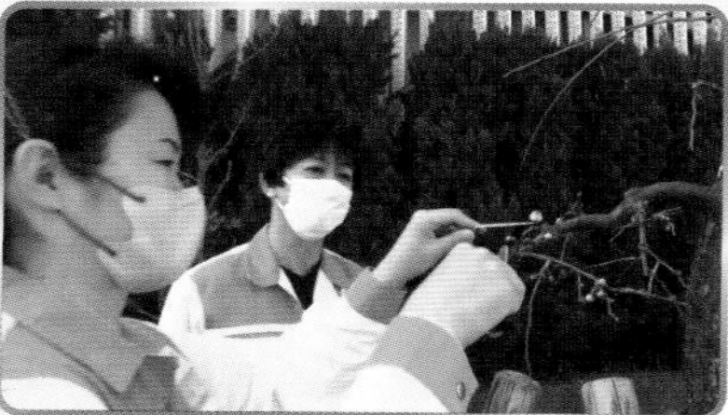

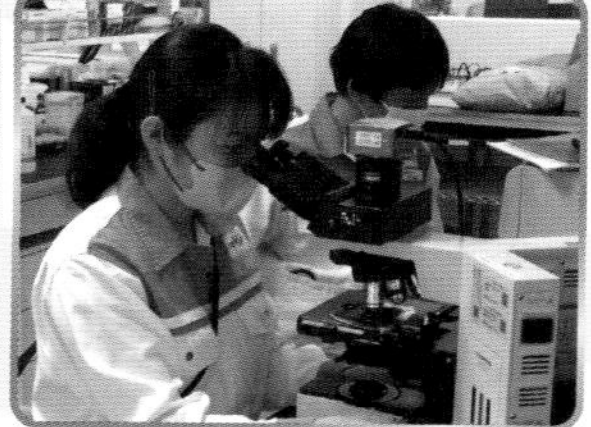

未知の乳酸菌を調べて解明するお仕事だ。

彼らの発見がヨーグルトの歴史を変えるかもしれんとはのう～

# Q ヨーグルトって いつから人気になったん？

## A 1970年代。大阪万博をきっかけに ヨーグルトのイメージが 大きく変わったんだ。

### 「おやつ」から「朝ごはんの定番」へ！

日本でヨーグルトの販売が始まったのは1900年頃。当時は薬のような扱いだった。1950年頃から大量生産が始まったが、甘いおやつのような存在で高価だった。1970年の大阪万博をきっかけにプレーンヨーグルトが生まれると、ヨーグルトは朝ごはんの定番として普及した。

1900年頃販売されていたヨーグルト。

砂糖を加えていない、爽やかな酸味が特徴のプレーンヨーグルトが誕生！

＜ヨーグルトが人気になるまで＞

| | |
|---|---|
| 1900年頃 | ヨーグルトの販売が始まる |
| 1950年代 | 工場での大量生産開始 |
| 1970年 | 大阪万博ブルガリア館でヨーグルトの展示 |
| 1973年 | ブルガリアの国名がついたヨーグルト誕生 |
| 1980年代 | 「飲むヨーグルト」が人気に |
| 1990年代 | 「ヨーグルトきのこ」が人気に |
| 2000年代 | 「カスピ海ヨーグルト」が人気に |
| 2010年代 | 「ギリシャヨーグルト」が人気に |

40年以上乳酸菌を研究している東北大学
齋藤忠夫
名誉教授

ヨーグルトはお菓子という
イメージから健康にいい
食事の一品という認識に
変わっていったんだよ

# Q お客さんの声がきっかけで生まれたヨーグルトの変化って？

## A ヨーグルトがつかないフタが誕生した。

### 小分けされたヨーグルトの困ったこととは？

小分けされて手軽に食べられる４個連結型のヨーグルト。しかしフタを開けるとヨーグルトがくっついていて、それを子どもがなめてしまう、という声がメーカーに寄せられた。依頼を受けた会社では研究を始めたがなかなかうまく行かない。

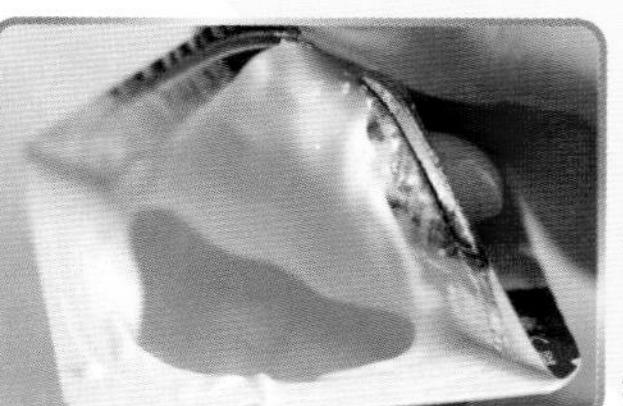

フタにヨーグルトがくっついて、子どもがなめてしまうので困るという声が寄せられた。

あのフタを作ったのは僕だよ！

特殊素材の開発にあたったアルミニウム製造メーカー
関口朋伸さん

### 悩んだ担当者はある日神社へお参りに

いろいろ試すがうまくいかず、10年が経ったある日、担当者さんは神社で神頼み。ふと神社の裏の池を見ると、水滴をはじくハスの葉を発見！「これだ！」とその原理について研究を開始し、とうとうヨーグルトがつかないフタが完成した。

いろんな素材を試したが失敗。

神社で神頼み。水滴をはじくハスの葉を発見。

おぬし、10年とはよくがんばったの〜！

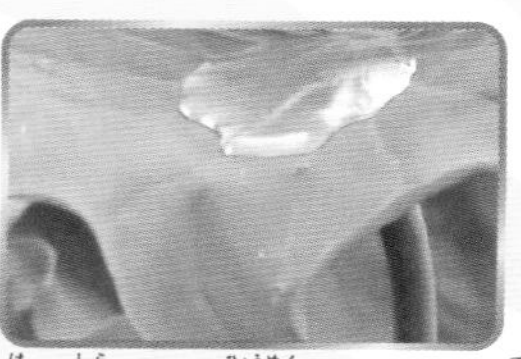

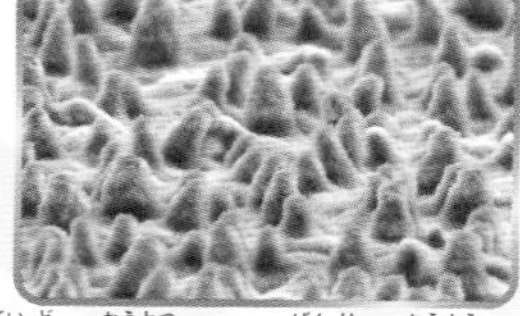

葉を調べると表面に0.001mm程度の凹凸。この原理を応用して魔法のフタが生まれた。（写真提供：東洋アルミニウム株式会社）

# Q ヨーグルトみたいでヨーグルトじゃない？謎の駄菓子ってなんじゃ？

## A ヨーグルトが高級品の時代に生まれてヒットした。

### 駄菓子屋で人気！ すくって食べる小さなお菓子

駄菓子屋で人気なのが、小さな容器に入った「ヨーグルト風の駄菓子」。植物性油脂と砂糖、風味の決め手となる酸味料でできている。牛乳も乳酸菌も入っていないお菓子なんだ。

1日6～7万個製造している。

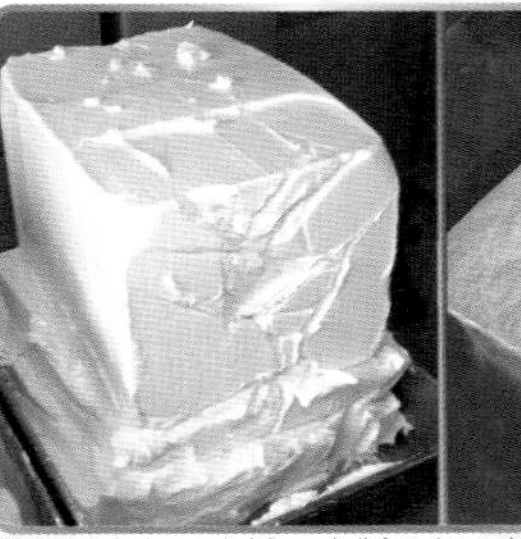

植物性油脂と砂糖、企業秘密の酸味料でできている。

1961年発売当時、ヨーグルトは手軽に買えない高級品。そこで子どもたちが楽しめるよう、本物のように、容器やスプーンで食べられるこのお菓子を発売すると、大ヒットしたんだ。

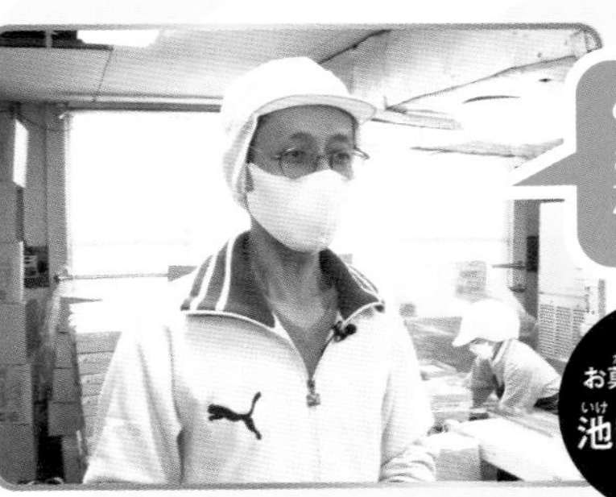

60年以上愛されてきたお菓子だからこれからも作り続けるよ！

お菓子メーカー
池田光隆社長

# みんな大好きポテトチップスのお金のヒミツってどうなっとるん？

## お菓子はお米より市場規模が大きい！

みんなが大好きなお菓子。国内だけでも数万種類のお菓子が存在し、お菓子の市場規模は３兆4361億円にのぼる！　これは、お米の市場規模を超える数字なんだ。

（2023年 全日本菓子協会 菓子統計より）

（2020年 国内/小売金額ベース 矢野経済研究所）

なにぃ！ 米より
お金が動くって
なんちゅう世界
じゃ!?

## お菓子の中で圧倒的人気なのだ！

お菓子の世界で、圧倒的人気を誇るのがパリッとおいしいポテトチップス！　そこにはこだわりの技術とお金のヒミツがあるんだ！

（2017年富士経済食品マーケティング便覧より）

ポテトチップスをはじめとするお菓子に、国内で収穫されるじゃがいも全体の１／６以上が使われている。

# Q 人気の塩味ポテトチップスに隠された秘密ってなんじゃ？

## A 使う「塩」を時代に合わせて変えてきたんだ。

## 人気の「うすしお味」のこだわり

みんな大好きな塩味ポテトチップスには各社のこだわりがある。ポテトチップスの国内シェア70%を超えるこの大手メーカーでは、日々研究を重ねていて、これまでに15回味を変えている。

ポテトチップス担当の御澤健一さん

（2021年番組放送当時）

1975年　1984年　1987年　1989年　1993年　1996年　1997年

2000年　2003年　2005年　2007年　2010年　2015年　2019年

## 「塩の専売制度」廃止の影響!?

1997年まで、日本の食塩は専売制度によって製造販売が管理されており自由に塩を作れなかった。これが廃止されると、独自の製法や産地を押し出したご当地塩ブームに。このブームを受け、こちらの会社でも採用する塩を時代に合わせて変えてきたという。

1997年愛媛県伯方の塩、2008年石垣島の塩を使用した商品が登場。

健康志向に合わせ、2019年には食塩使用量を５％削減。１袋の塩分量は0.5ｇに！

1袋60gでたったの0.5g？びっくりじゃ～

# なんでポテトチップスは Q いつもパリッとしとるんじゃ？

## A 製造方法や保存方法にめちゃくちゃこだわってるから。



### ヒミツその① スライスの厚さは日替わりで調整

じゃがいもは品種や量によってデンプンの量が変わり、デンプンの量によって食感も変わってしまう。そこでこのメーカーではいつでもパリッとさせるために、毎日じゃがいものデンプン量を測り、細かく厚さを調整している。

デンプン量が多いと粘り気が出すぎてパリッとした食感が失われてしまう。少なすぎると食べごたえがなくなってしまう。

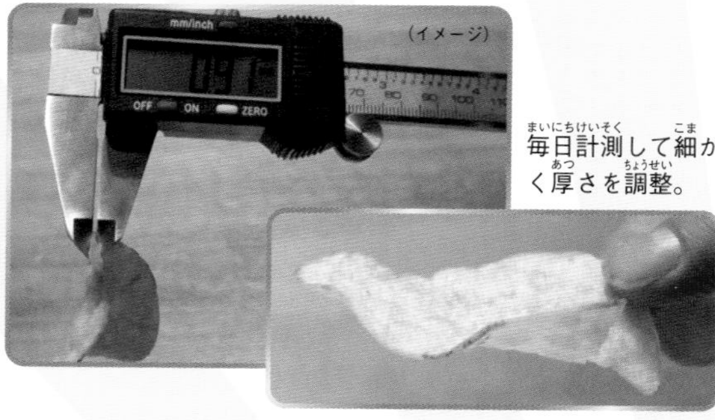



（イメージ）

毎日計測して細かく厚さを調整。

### ヒミツその② アルミの袋で光をシャットアウト

ポテトチップスが登場した1970年代、スナック菓子のパッケージは透明な袋が主流だった。しかし透明部分に光が当たると劣化してしまうという欠点が。そこでこのメーカーでは1983年から光を遮断するアルミ袋に変更。

透明な袋(左)が主流だったなか、味を保つためにアルミ袋を採用(右)。

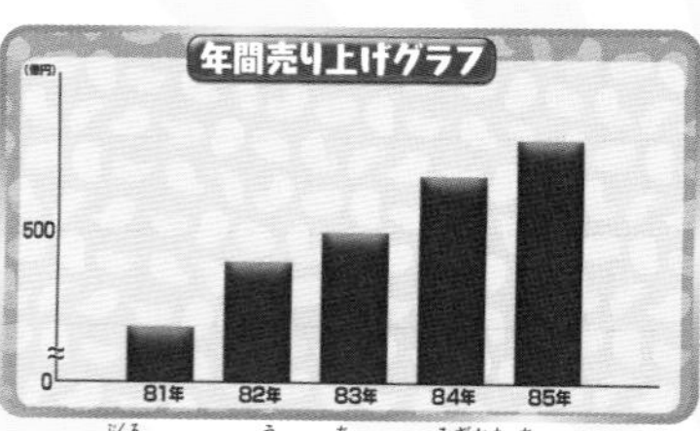



アルミ袋にして売り上げは右肩上がり！

## ヒミツその③　劣化を防ぐパンパンの袋

ポテトチップスの袋はパンパンに膨らんでいる。これは、袋詰めの際に窒素を入れてるから。揚げ物であるポテトチップスは酸素と触れることで、食感や風味が損なわれてしまう。そこで袋の中に窒素を入れて、その分酸素を減らすことでポテトチップスの鮮度を保っている。
また、窒素で袋を膨らませることによって、運搬時の衝撃を減らして、ポテトチップスが壊れるのを防ぐ効果もある。

じゃがいもを揚げているところ。揚げ物は空気中の酸素と触れると徐々に酸化して風味が変わってしまう。

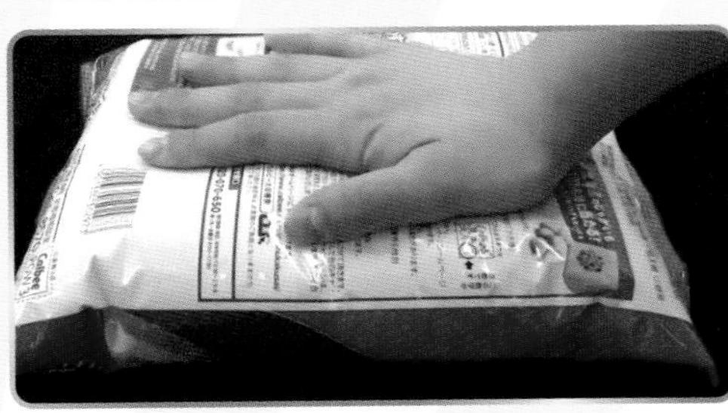

パンパンにすることでのクッション効果か！
いろいろこだわって作っとんじゃのう！

## ひみつミニコラム！　コンソメ味に〇〇〇が入っている!?

定番人気のコンソメ味。実は、飽きがこない味つけにするために隠し味としてこのメーカーではあるものを入れている。それは、「梅肉」！　梅の酸味で後味のキレが良く、もっと食べたくなってしまうんだ。

# Q じゃがいもに秘密があるんじゃと？

## A 品種改良を重ね、10年以上かけてオリジナルじゃがいもを作った。

ロマン
食卓
おうち
お店・町
働く車
でっかいもの

### パリッと食感のポテトチップス用じゃがいもとは？

そもそもメークインや男爵いもなど、スーパーでよく見かけるじゃがいもは栄養価が高いものの、そのぶんデンプン量が多い。パリッとした食感が大事なポテトチップスには適さないんだ。

メークイン（左）、男爵いも（右）。栄養価は高いがポテトチップスには適さない。

### ポテトチップス用じゃがいもを求めて10年以上！

そこで、人気のポテトチップスを作っている最大手のお菓子メーカーでは、ポテトチップスに適したじゃがいもを研究。毎年約２万品種の中から改良を重ね、ポテトチップスにぴったりの４種類の加工用じゃがいもを開発。開発期間は10年以上！

ひょえ～！ じゃがいも自体にもこだわっとるんじゃの～

# Q じゃがいも栽培のスケールがでかすぎるじゃと!?

## A 成長具合のチェックを宇宙から人工衛星で行っている!

### 大規模なじゃがいも栽培は大変だった……!

こちらの大手お菓子メーカーが国内で調達するじゃがいもの量は年間約35.2万トン(2022年度実績)。広大な畑で大量のじゃがいもを作る生産者さんたちは大変だ。

### 生育状況の管理に人工衛星を導入!?

そこでこの会社では2017年より畑の状態をチェックするのに人工衛星を試験導入。これはもともとアメリカの会社が打ち上げたもので、その使用権を買って、農業や流通、防災などで活用しようというビジネスが世界で広がっている。

農業、防災、流通など宇宙を活用したビジネスが広がっている!

(※内容は放送当時のものです)

年間200円から

畑を宇宙から撮影し、画像を地上へ送信。専用ソフトで読み込む。葉の色で成長過程を判断し、生育状況を確認できる。

(システム使用料金は1ヘクタールつまりテニスコート38個分で年間200円から利用できる!)

ひゃ〜?! ポテトチップスに人工衛星! すごい時代じゃ!

# Q 売上数日本一のアイスの一番のこだわりってなんじゃ？

## A 鮮度。作って5日を目安に出荷。



### 日本一売れてる定番アイスって？

アイスクリームは年間1200種類ほどの新商品が生まれては消えていく超競争社会。その中でも1970年代に生まれた「チョコモナカアイス」は、今も日本で一番売れている定番のアイスだ。

チョコモナカ
ジャンボ
売上数約1億8000万個以上！
約200億円の売り上げ！


（番組調べ）

### パリパリのひみつは鮮度にある

モナカを割るとパリッと音がする、このアイス。モナカがシナシナにならないよう作って5日以内を目安に出荷し、鮮度にこだわっている。これは冬にたくさん作りだめして夏に出荷するのが常識という、アイス業界では珍しいことなんだ。

このパリパリ感の
秘密は鮮度
だったんじゃな～

# Q あずきアイス作りの苦労ってどんなことなんじゃ？

## A あずきの選別と、あずきがアイスの中にまんべんなく入るようにすること。

### 厳しくあずきを選別している

この「あずきアイス」は1973年にぜんざいをヒントに和菓子屋さんが作り始めたロングセラー。おいしさのひみつの一つは、良いあずきだけ使うために５段階の選別をしていること。１億粒の中から200万粒くらいは弾いているという。

井村屋
北海道
あずき
2021年度年間売上本数
シリーズ合計 約 3億 本！

毎日使うあずきは
約 1億 粒！

あずきを空中で選別する機械。

### 「ダブル冷凍」技術でまんべんなくあずき入りに！

この「あずきアイス」の素を普通に凍らせると、あずきが沈んで下に集まってしまう。そこで0度ギリギリまで冷やして金型に入れ、－35度の冷たい液をシャワーのようにかける。するとあずきが沈む前にカチンコチンに凍らすことができる。

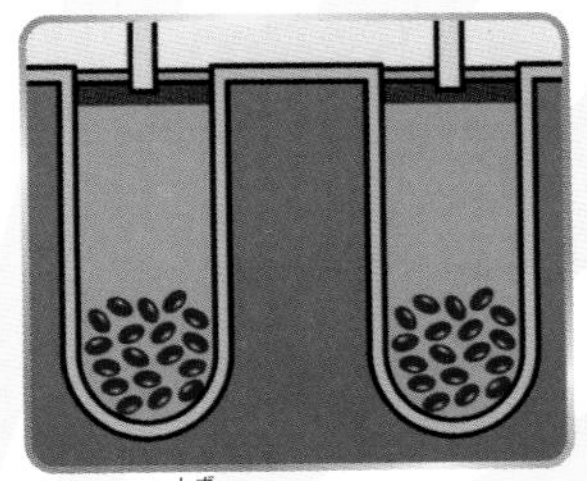
あずきは沈んでしまう。

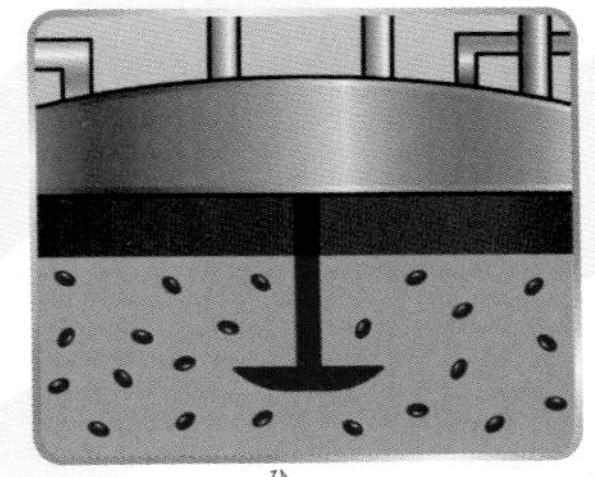
ギリギリまで冷やしてから金型へ。

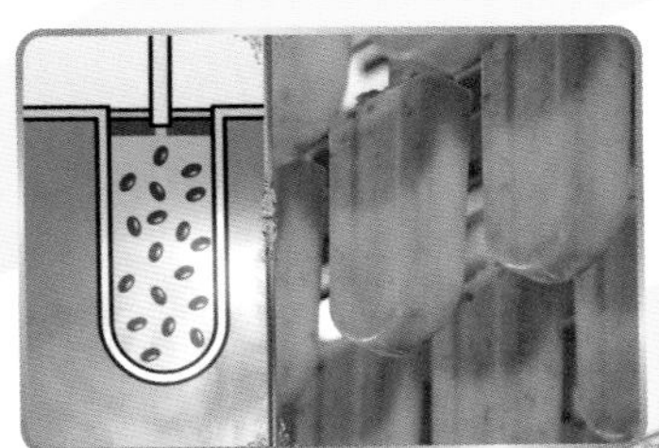
－35度の冷たい液をシャワーのようにかけるとどこを食べてもあずき入りに！

# Q 発売20年で売り上げが急増したアイスの秘密はなんじゃ？

## A パッケージの変更。

### ヒットしたのは誕生から約20年後!?

1981年誕生の「ガリガリ食感アイス」は、目新しいいろんな味を出すことなどからもよく話題になる商品。今では年間販売数４億本を売り上げるメガヒット商品だが、売り上げが伸びたのは2007年頃から。

人気のガリガリ食感のアイス。

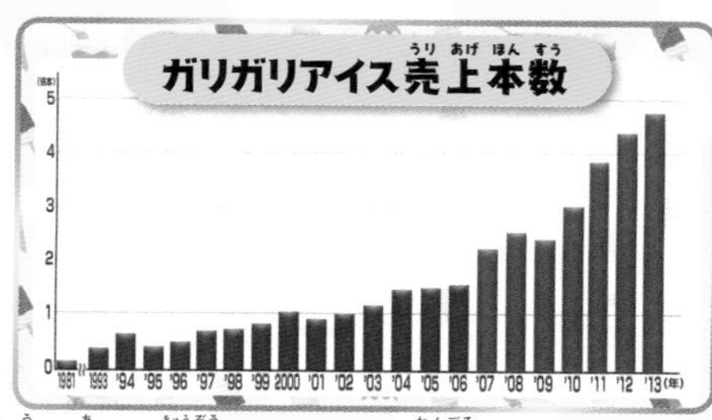

売り上げが急増したのは2007年頃から。

### 大胆リニューアルが大当たり！

当時お客さんの声を集めると、女性から「イラストの男の子の歯茎が汚い」「恥ずかしくてレジに持っていけない」など厳しい意見が。アイス購買者の６割は女性といわれているためデザインを変えてかわいさをアップさせると売り上げが急増した。

元のイラスト。

リニューアル後のイラスト。

※パッケージは放送当時のものです

たしかにかわいらしさがアップしとる！
ワシもかわいさにはこだわっとるぞ！

# Q 2000年代にアイス業界が回復したのにワケがあるんか？

## A アイスのショーケースからフタがなくなったおかげ。

### アイスに歴史あり！

今や当たり前の冷凍庫付きの冷蔵庫だけど、家庭に普及したのは1970年代。そのころから家庭用アイスも人気になった。そして1980年代には今や定番人気となったさまざまなアイスが登場して話題に。

1980年代に登場して今も人気だ！

### コンビニの「フタなしショーケース」効果！

1990年代後半、アイスの売り上げが伸びなくなった時期があったが2000年代初頭にフタなしショーケースが登場。コンビニ通路のどちら側からでも気軽にアイスが手に取れるようになり、売り上げが一気に上がったといわれている。

コンビニのショーケース。

マイナス26度の冷気が出ていてエアカーテンの役割をするんじゃと！

# Q インスタントラーメン、レトルトカレーと並ぶ「戦後の食品三大発明」のひとつってなんじゃ？

## A カニの身に似せて作られたかまぼこ「カニカマ」といわれている。

### カニカマはすごい発明品！

世界に誇る「戦後の食品三大発明」といわれているのが、インスタントラーメンとレトルトカレー、そしてカニカマ。私たちの食卓を激変させた発明品だよ。

戦後の食品三大発明！

カニカマは、インスタントラーメン、レトルトカレーと並ぶ画期的な発明品だ。

### 100種類以上の製品がある

およそ50年前にカニの代用品として発売され、現在の国内市場規模はおよそ430億円。現在発売されているカニカマは100種類以上！　高タンパク低カロリーという健康食材で海外でも人気なんだ。

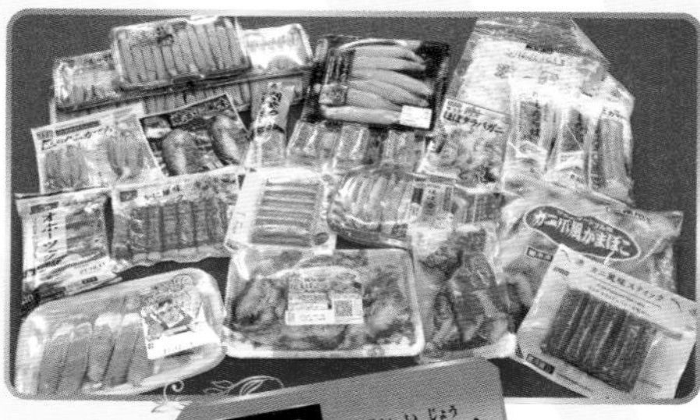

100種類以上！

お手軽でおいしいからの～

# Q カニカマって何でできとるん？

## A スケトウダラのすり身だよ。

### すり身をシート状にして巻いていく！

世界で初めてカニカマを発売した石川県七尾市にあるこの会社では、年間５億本のカニカマを生産している！

原材料はスケトウダラのすり身。

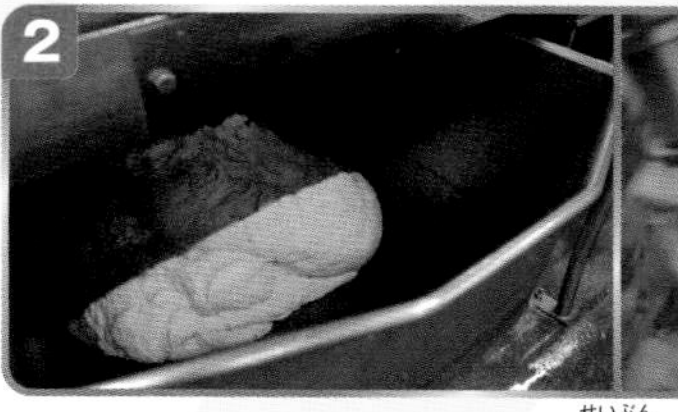


カニのエキスやうまみ成分を混ぜてペースト状に。

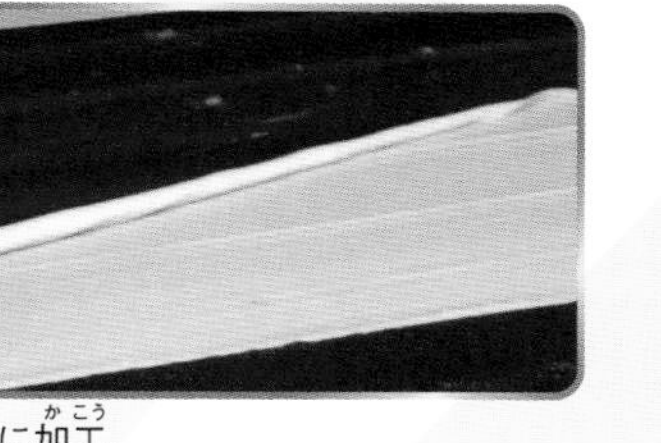

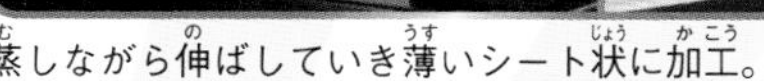

蒸しながら伸ばしていき薄いシート状に加工。

クルクルと何重にも巻き、特殊なフィルムで包むことでカニそっくりの赤い色合いを再現。形を整えて完成！

以前は１本１本手作業で塗っていたんだって！

カニカマってこうやってできとったんか〜

# Q カニカマにも世代があるじゃと!?

## A 実は今、第4世代っていわれているんだ。

### 進化してきたカニカマの歴史！

世界で初めてカニカマが発売されたのは1972年。サラリーマンの平均月給が７万6000円ほどだったのに対し、カニは１kgおよそ3000円もする高級品。それがカニのような味がわずか250円で!?　とカニカマは世間に衝撃を与え、瞬く間に大ヒット。

お得でおいしいカニの
代用品だったんじゃのう


第１世代！　フレーク状のカニカマ。

### 第１世代カニカマは失敗作から!?

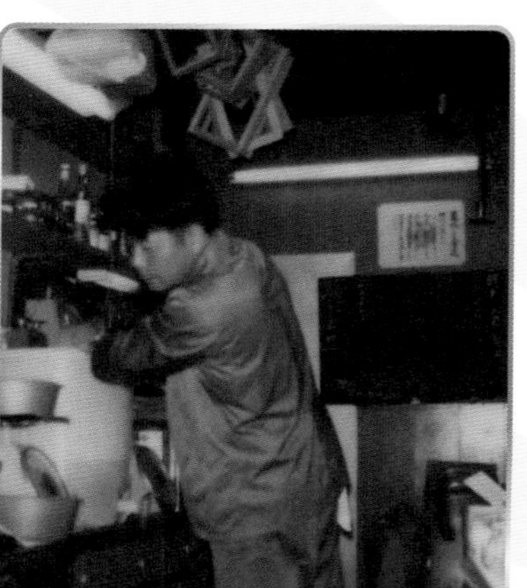

第１世代のカニカマは、開発中だった「人工クラゲ」の失敗作から生まれた。当時、中華料理などで使うクラゲが日本では品薄だったことから代用品が作れないかと開発スタート。失敗作を食べてみたらなんとそれがカニの食感に似ていたそう。

中華食材のクラゲの代用品を作る過程で生まれた！

## ニーズに合わせた第２世代、第３世代！

食べやすさ・量産しやすさを追求し、スティック状に進化したのが「第２世代」(1974年～)。さらに調理の方法が多様化する中でニーズに合わせ「身がほぐれる形」に進化したのが「第３世代」(1990年～)といわれている。

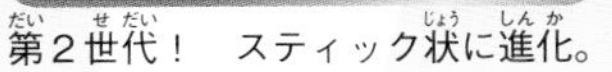

第２世代！　スティック状に進化。

第３世代！　身がほぐれるタイプ。

## 転換期を経て第４世代へ

1990年代後半、カニカマはあくまでもカニの代用品というイメージもあり、人気に陰りが見え始め、「カニカマ冬の時代」に。それを打破するべく2004年に発売されたのが「本物のカニを超えるカニカマ」を目指して開発された第４世代だ。

第３世代と第４世代の間はカニカマ冬の時代だった!?

第4世代は「本物のカニを超えるカニカマ」を目指して開発されたんだ！

新しいカニカマの秘密は次ページから紹介するぞ～

# Q 第4世代カニカマの秘密ってなんじゃ?

## A 画期的な開発と販売。

### 化学的なデータを駆使して作られた！

それまでのカニカマ作りは、職人さんの勘やコツに頼るところが大きかったが、本物を超えるカニカマを作るため、「理化学分析」を導入。カニの「うまみ」「香り」「色味」などの成分をデータ化して研究。それをカニカマで再現しようと挑戦した。

カニカマ界のレジェンドだ。

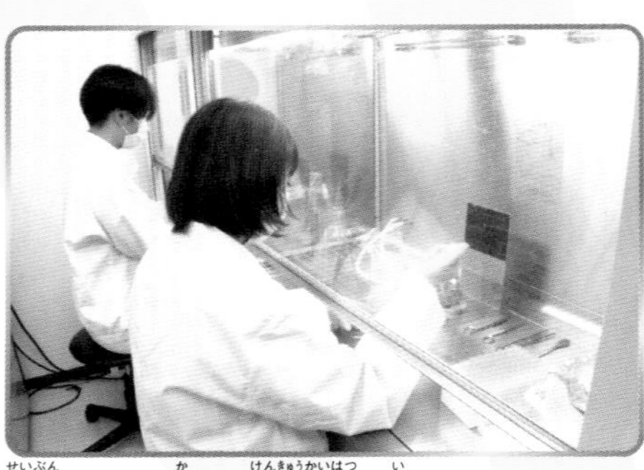
成分をデータ化して研究開発に生かした。

### プリプリ食感は0.6mmから！

研究の結果、カニのジューシーでプリプリした食感は、約0.6mm前後の繊維が絡み合って出ていると判明。それまでのカニカマは太さ1.2mm以上のすり身を束ねて作られていた。そこで0.6mmのすり身作りを目指したんだ。

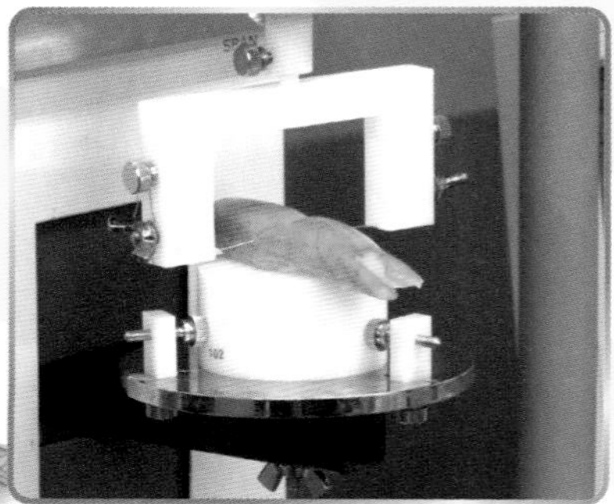
従来の半分の太さなのですぐに切れてしまう。

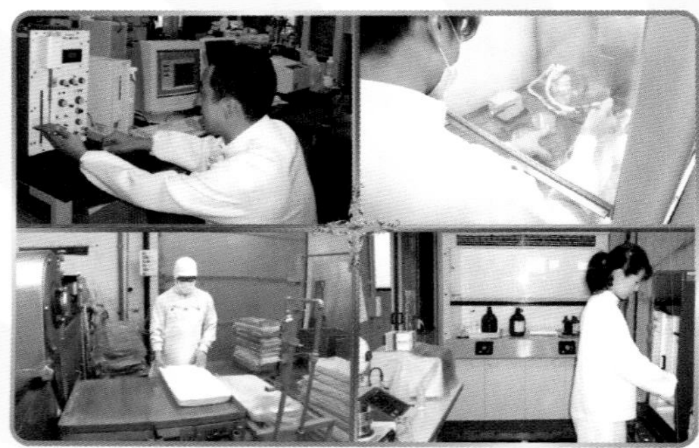
研究者と職人が集まり、試作を重ねた。

## 「葉っぱ」をお手本にしたら本物みたいに！

細い繊維をどう束ねるか、何パターンも試した結果、繊維の１本１本を植物の葉脈のように束ねることで本物さながらの食感に近づくことを発見！　開発スタートからおよそ１年、本物のカニそっくり、第４世代“本物のカニを超えるカニカマ”が誕生！

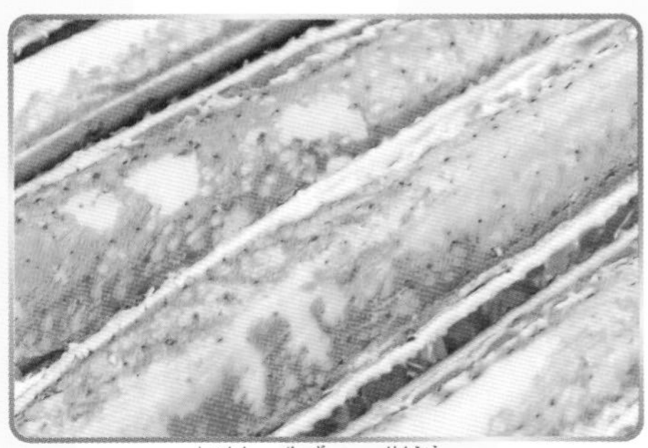
カニそっくりの食感を目指して研究。

植物の葉脈のように束ねた。

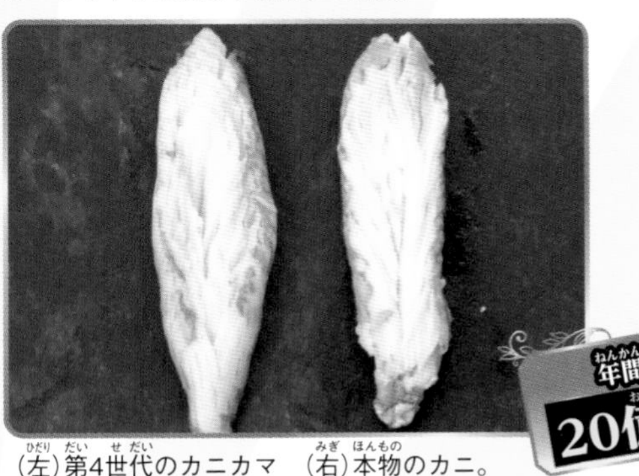

(左)第4世代のカニカマ　(右)本物のカニ。

まさに執念の
開発じゃ！
恐れ入ったわ～

## 売り場を「鮮魚」コーナーに変えて大ヒット！

しかしこんな第４世代のカニカマ、値段がこれまでよりちょっと割高なせいもあって発売当初はなかなか売れなかった。そこでスーパーで鮮魚コーナーに並べて販売したところ一気に売り上げアップ！　一躍ヒット商品になったんだ。

カニカマの売り場といえば練り物コーナーだったが、鮮魚コーナーに置いてもらった。

鮮魚コーナーに並べると……!?

商品のクオリティーがアピールできる！

練り物コーナーよりお客さんが多い！

値の張る魚の横なら少し割高でも気にならない

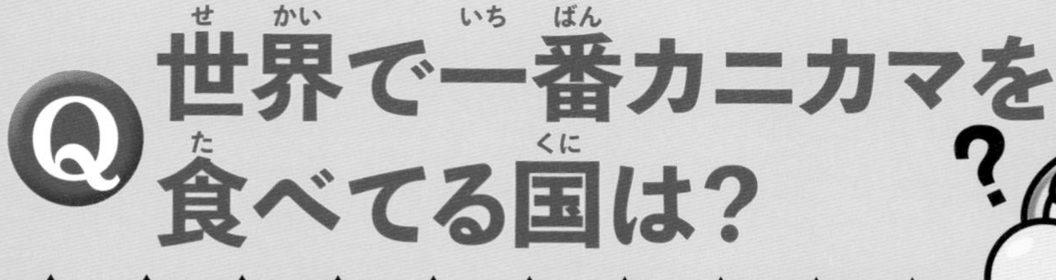

# Q 世界で一番カニカマを食べてる国は？

## A 実はフランスなんだ。

### フランス人は日本人の２倍カニカマを食べている

実は今カニカマは世界でも大人気。日本とフランスの年間消費量はおよそ５万トンと同じくらいだが、フランスの人口は日本の半分ほど。フランス人は日本人の２倍もカニカマを食べている計算になる。

カニカマは「surimi（スリミ）」として海外でも人気。

アレンジしやすさ、ヘルシーさも人気の理由じゃ

いろんな国で活用されている！

# Q スケトウダラってどこで取るん？

## A ベーリング海。寒く強風が吹く過酷な海域だよ！

### 練り物製品に欠かせないスケトウダラ！

カニカマをはじめ、多くの練り物製品に使われているのがスケトウダラ。産卵数が多く広範囲に生息することから「世界一漁獲量が多い白身魚」ともいわれる。クセやくさみが少なく、味の調整がしやすいので人気だ。

練り物製品に使われるスケトウダラ。

### 漁場は過酷な海域！

スケトウダラの最大の漁場は「ベーリング海」。別名「低気圧の墓場」と呼ばれ、漁の最盛期である冬場はマイナス20度、風速20mの強風が吹き荒れる過酷な海域。24時間稼働の工場を備えつけた船で、作業員さんたちは水揚げから、加工・パッキング・冷凍までをわずか45分で終わらせるんだ。

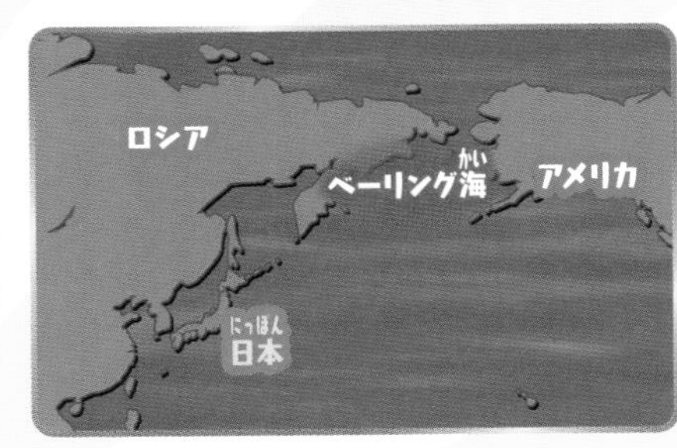

漁場は荒れる過酷な海域。上質なすり身を作るため、作業員さんは24時間体制で働いているんだよ！
海洋ジャーナリスト
永田雅一さん



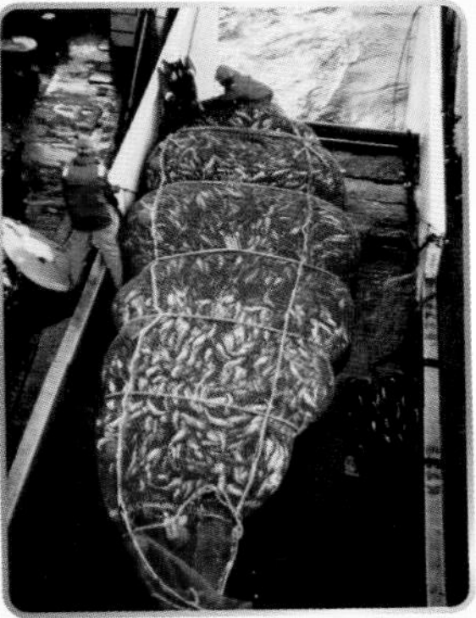

お給料は陸上の作業員より3倍も高いそう。つらいけどガッポリ稼げる仕事なんだ。

# 世界が大注目!? eスポーツのお金のヒミツってどうなっとるん？

## ゲームの大会が世界中で人気

eスポーツとはパソコンや家庭用ゲーム機などで行う"ゲーム"のこと。大会が行われるゲームの種類は幅広い。サッカーゲーム、格闘ゲーム、レースゲーム、カードゲーム、大乱闘ゲームなどがあり、多くの人が楽しむことで大きなお金が動いている。

## 市場規模が爆上がり!

日本でも1970年代からゲームの大会はあったが、趣味の延長としてのものがほとんど。1997年にアメリカでeスポーツのプロリーグが発足すると、高額賞金の大会が次々と開催されるようになる。ゲームを生業とするプロのeスポーツプレーヤーが誕生した。

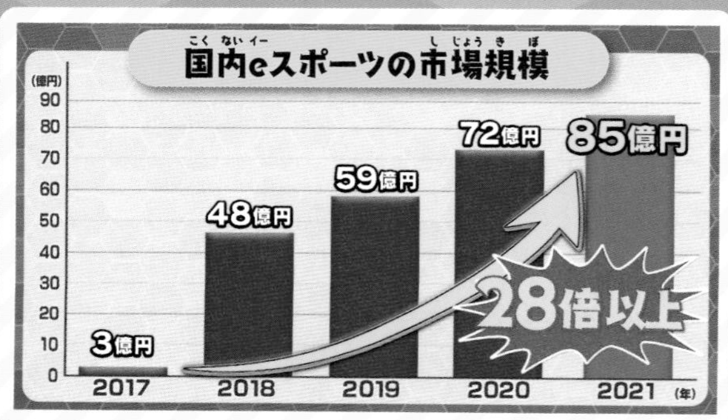


出典：KADOKAWA Game Linkage

# Q 国や地方自治体、企業も、eスポーツに注目しとるってホントなんか？

## A ホント。



### eスポーツ事業専門の部署がある自治体も！

日本のeスポーツは世界の中でも遅れ気味だが、日本は元々ゲーム大国。eスポーツを経済の起爆剤にしようと国を挙げてeスポーツを後押ししている。経済産業省では2018年にeスポーツの成長を支援するチームを立ち上げ、eスポーツ事業を推進している地方自治体もある。

群馬県にはeスポーツを推進する部署もある！

### ホテルでもeスポーツ！

一般企業もeスポーツに注目。ゲーミングPCやヘッドセットなどの機材を用意した、eスポーツができるホテルも各地に誕生。 新たな産業として急速に伸びている。

eスポーツが好きな人に向けた、ハイスペックなゲーム機器を備えたホテルが増えているんだ！(写真はイメージ)

eスポーツがそんなに盛り上がっとるとはのう！

# Q プロゲーマーの賞金ってすごいんか？

## A 賞金もすごいが、スポンサー料も大きい。



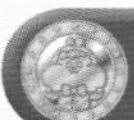

### 賞金はすごい

世界では１億円を超える高額賞金の大会がたくさんある。2021年に行われたチーム対戦型ゲームの大会では、賞金総額が50億円を超えた。

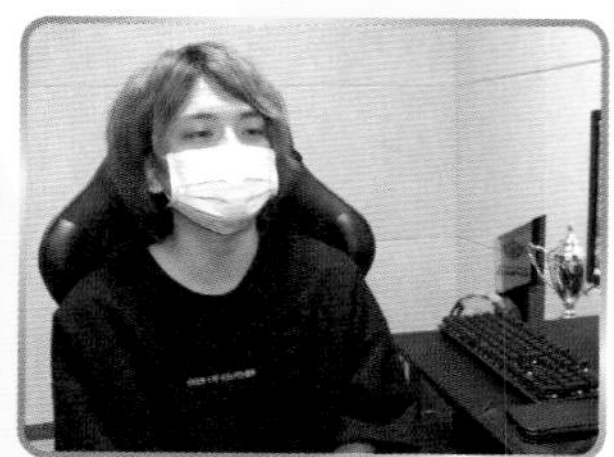

トッププロゲーマーふぇぐさんはデジタルカードゲームの世界大会で優勝。賞金は約１億円！　1日12時間はゲーム漬けで練習しているそうだ。

### 企業からのスポンサー料も

大会の賞金以外に、いろんな企業からのスポンサー料をメインにしている選手も多い。プロチームに所属して、いろいろとサポートしてもらう。普通の会社員の月給くらいは稼げるとか。

# Q 企業はなんで、eスポーツのスポンサーになって大金を出すんじゃ？

## A 大きな効果が見込めるから。

### eスポーツは宣伝効果がバツグン！

eスポーツのスポンサーになると、世界中の視聴者に興味を持ってもらえて商品が売れる。eスポーツの大会は野球やサッカーなどの一般的なスポーツより開催数が多いうえに、ネット観戦が主だから視聴者数もリアルで観戦するスポーツより多く、宣伝効果が高い。人気のゲームだと視聴者数は億を余裕で超えるという。

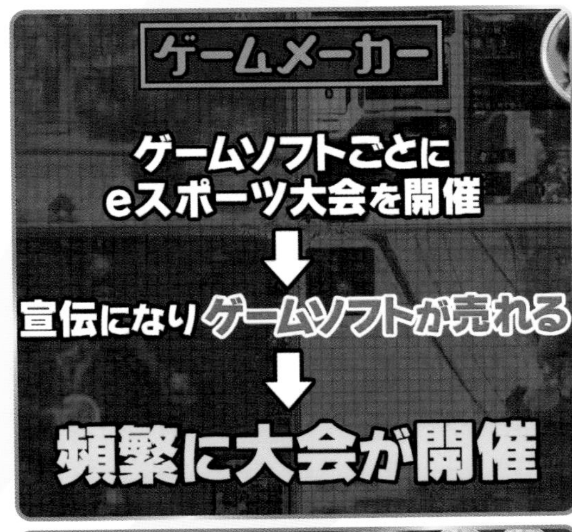

ゲームメーカー
ゲームソフトごとに
eスポーツ大会を開催
宣伝になりゲームソフトが売れる
頻繁に大会が開催


1億人のうちわずか0.01%が商品を買っても1万人になる計算で、とんでもない宣伝効果じゃ！

例えばパソコン関連メーカーは、eスポーツのスポンサーになることで知名度やイメージアップを目指しているんだ。

# Q プロゲーマーの収入の3本目の柱って？

## A 動画配信。

### 動画配信でファンをつくる！

プロゲーマーには、賞金やスポンサー料にプラスして、もう一つ収入源がある場合が多い。それはゲームをプレーしているところを見せる動画配信！　動画配信をすることでファンが増えて、配信自体の収入も増える。

格闘ゲームの世界で活躍する夫婦プロゲーマー、ももちさん（左）とチョコブランカさん（右）。このご夫婦にも6社ものスポンサーがついている。

ももちさんは3度の世界大会優勝を誇るトッププロ！出会いはゲームセンターだったとか！

チョコブランカさんは日本人初の女性プロゲーマー！

このご夫婦の場合動画配信が収入の約20％！

MOMOCHI
CHOCOBLANKA
いやそっちもそうだろ！
昇竜パナしてるだけなんだけど

2人でゲームしてるところを動画配信している。

配信してファンが増えれば配信自体の収入も増えるし何より人気が出ないとスポンサーがついてくれないからね。

僕らが熱くゲームをするほど皆に喜んでもらえるから真剣にやってるよ！

ゲーム好きにはたまらん暮らしじゃの〜！

# Q 秋田県で注目されているeスポーツチームって？

## A シニア選手だけのeスポーツチーム！

### 日本初のeスポーツの「シニアチーム」

2021年に全国で初めて、シニアだけのｅスポーツチームが誕生。メンバー全員が60歳以上という「マタギスナイパーズ」には11人が所属し、世界60か国以上で１億人がプレー、賞金総額５億円以上の大会が開かれる大人気サバイバルゲームでプロを目指している。

最初は息子にキーボードの位置を教えてもらうところから始まったの(笑)。

スペースインベーダーゲームで青春時代を過ごした元祖ゲーマー世代だからね！

秋田市で発足した「マタギスナイパーズ」の皆さん。

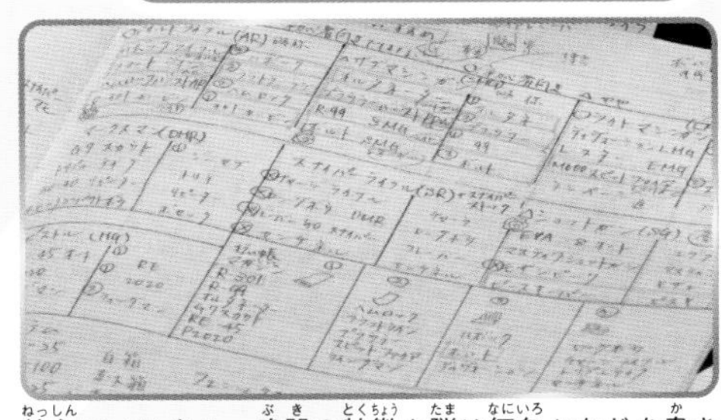

熱心にメモを！　武器の特徴や弾は何色かなどを書きこんでいるとか！

### シニアのeスポーツのために自治体も後押し！

瞬時にさまざまな判断をし指先も動かすｅスポーツは脳の働きを活性化、認知症予防に効果的だとする研究結果が広く知られ、今、多くの自治体がシニアのｅスポーツ参加を後押ししている。

日頃味わえないスリルを体験できて脳の活性化にもなるそうだ。

子どもや孫と一緒にeスポーツ！新しい時代が来とるんじゃのう

# Q 今、どんな図鑑が売れとるん？

## A 12歳以下を対象にした学習図鑑。

### 「楽しむもの」へと進化して人気に！

今、図鑑は「調べるもの」から「楽しむもの」へと変化して人気を集めている。出版不況の中、図鑑の発行点数は230～350点で推移（2016年から2020年までの5年間）。2020年は251点、推定発行部数は126万部！

ここ10年間、毎年100点以上の新刊が誕生！　3日に1冊の勢いで新しい図鑑が生まれているんだ！

飛び出す図鑑や、スマホをかざすと3D映像が浮かびあがるＡＲ図鑑も！

### 学習図鑑は100万部以上売り上げるものも！

今売り上げを伸ばしているのが、12歳以下を対象にした「学習図鑑」だ。100万部以上を売り上げる「ヒット作」がごろごろあるぞ！

どちらのシリーズも100万部以上！

100万部超えってベストセラーにもほどがあるぞ！

# Q 図鑑ってどうやって作るん？

## A たくさんの人がかかわって作られているんだよ。

### 1冊作るのに1年かかる!?

まず編集者がどんな図鑑を作るか構想する。次に専門家と相談して情報収集し、カメラマンやイラストレーターに写真やイラストを依頼。素材が集まったらデザイナーとレイアウトを決めていく。完成まで数年かかるものもあるとか!?

1 どんな図鑑を作るか構想。

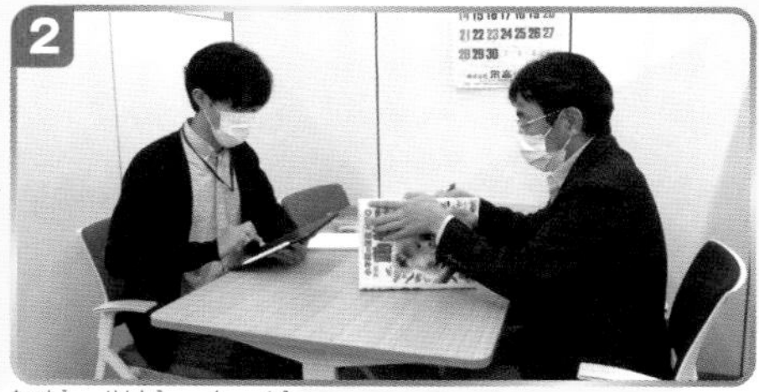

2 内容の検討が繰り返される。

3 カメラマンやイラストレーターに依頼。

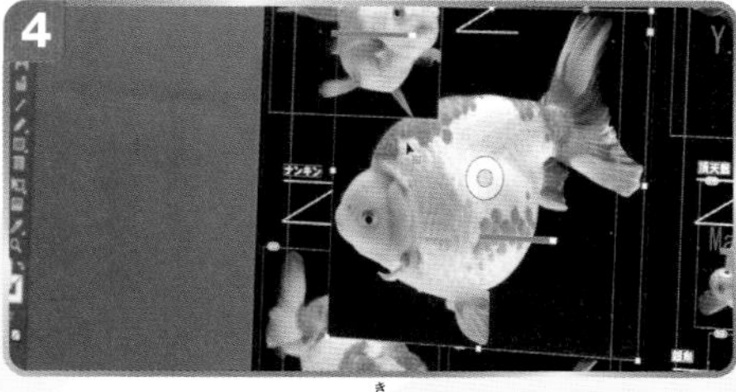

4 デザイナーとレイアウトを決める。

数多くの人がかかわって作っているんだよ！

大手出版社
図鑑編集部編集長
根本 徹さん

ロマン
食卓
おうち
お店・町
働く車
でっかいもの

# Q 図鑑1冊に使われている写真代はいくらなん？

## A 数千万円になるものもあるよ。

### 図鑑は写真が命！

図鑑シェア6割を誇る大手出版社の「危険生物」の図鑑1冊に使用されている写真やイラストはなんと1200枚以上！　ボツ写真も合わせると5000枚以上にのぼるんだとか。図鑑1冊の写真代だけで、なんと数千万円以上！

図鑑作りにはお金もかかるんじゃのぉ〜

写真・イラスト数は1200枚以上！
ボツ写真も合わせると5000枚以上！

図鑑1冊の写真代
数千万円以上！

巷には製作費億超えの図鑑もあるとか!?

### 美しいビジュアルが増えた！

図鑑売り上げのピークは1972年。1990年代、バブル崩壊や少子化の影響などで、売れ行きが伸びない「冬の時代」に。2000年に入ってカメラの性能が良くなり、美しい写真が増え、鮮明な写真資料をもとにしたイラストによる新しい図鑑作りが始まったことが、徐々に売り上げが伸びた要因の1つ。

写真中心の図鑑も増えていった。

# Q 図鑑の売り上げを左右する要素はなんじゃ？

## A 表紙。

ロマン
食卓
おうち
お店・町
働く車
でっかいもの

### 出版社がしのぎを削る！ 表紙戦争！

図鑑を発売する出版社は生き残りをかけて、いろいろな工夫を凝らしている。内容はもちろん大事だが、図鑑の顔である「表紙」にはとことんこだわっている。

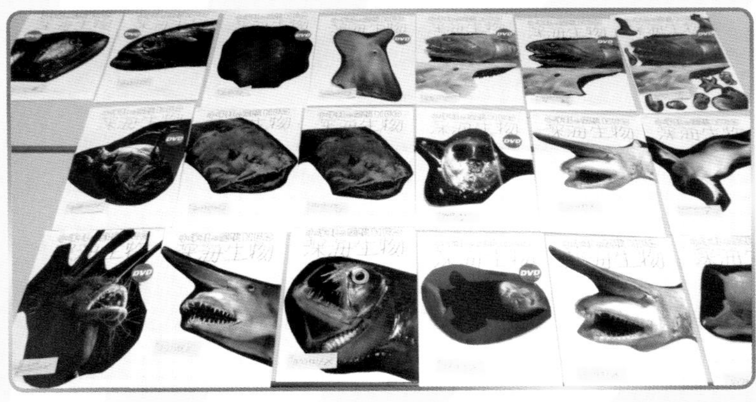

「深海生物」の図鑑では、表紙のデザインを20種類ほど作って検討。

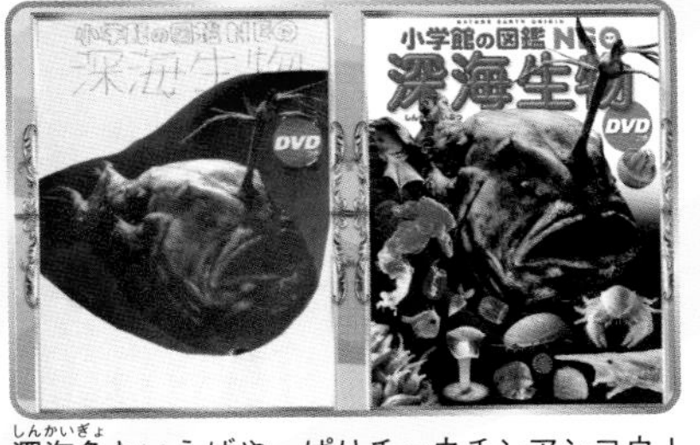


深海魚といえばやっぱりチョウチンアンコウ！

同じコアラでも表紙の写真を変えた右の新版は売り上げが、なんと40％もアップした！

## 同じテーマでも全く違う表紙に！

同じテーマを扱う図鑑でも出版社が違うと雰囲気が違うものになる。例えば、こちらの出版社では「躍動感」「臨場感」を心がけているそう。

大手出版社
図鑑・科学編集課
牧野嘉文さん

ウチの表紙は子どもたちに動物のリアルな姿を知ってもらうために、躍動感や臨場感のある写真を心がけているよ。

たしかに違いがあるのぅ～！

## 子どもの意見を聞くことも！

図鑑は子どもたちが見るものだから、実際に子どもたちにアンケートをとることもあるそうだ。保育園や幼稚園に行き、意見を聞くことも。

保育園や幼稚園に編集部員が突撃！

実際に子どもたちの要望を取り入れてできた図鑑。

### ひみつミニコラム！ 図鑑は1.7kgまで!?

子どもが図鑑を持ち運びやすいよう図鑑の軽量化は大事。1.7kg以内を目安にする会社も多い。リニューアルではページ数を増やさないため、新旧の内容を入れ替える判断に苦労しているという。

1.7kg以内に収めている。

# Q 図鑑カメラマンの人気を左右するのは何じゃ？

## A クオリティーの高い写真をどれだけ持っているかということ。



### 腕利きカメラマンは争奪戦！

図鑑に載せる写真はジャンルごとにその道のプロカメラマンに依頼する。腕利きカメラマンは各出版社同士で取り合いになり、図鑑を作る２～３年前から人気カメラマンのスケジュールを押さえることも。

日本の海の生き物を撮り続けて40年、撮影した写真は20万点を超える、スゴ腕カメラマン！

５年にわたりカサゴの繁殖行動を撮影。冬の海に潜って５時間以上撮影するも、成果ゼロの日も！

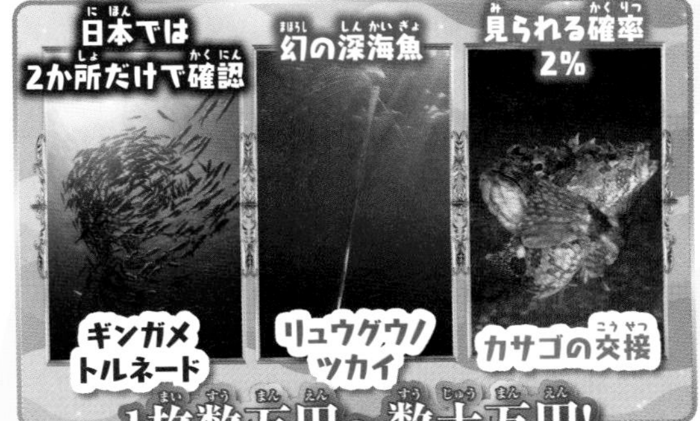


図鑑用に撮り溜めておく。カメラマンの人気を左右するのはクオリティーの高い写真をどれだけ持っているかだ。１回の使用で１枚数万円から数十万円の値がつくことも！

カサゴの研究者たちから問い合わせが殺到したという写真。求愛行動をOKするメスのカサゴがあくびをするところだ！（右）

# Q ティッシュメーカーの人たちの一番のこだわりってなんじゃ？

## A 肌触り。

### いろんな種類があるティッシュ

はなをかんだり、ちょっとした汚れを拭いたり、生活に欠かせないティッシュ。種類も値段も、そのバリエーションはさまざまだけど、ティッシュメーカーの人たちが一番こだわっているのは、「肌触り」なんだ。

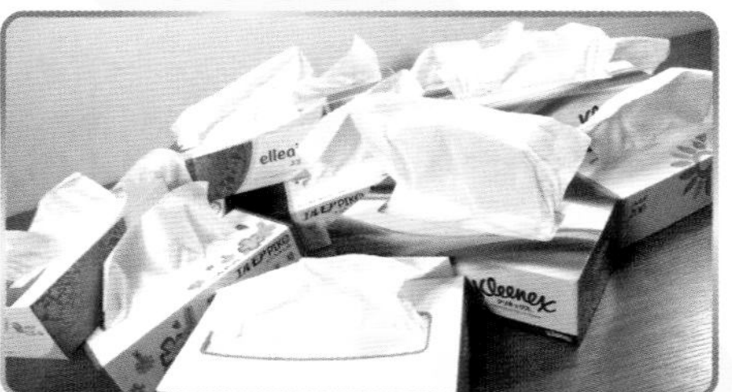
種類も値段もさまざま！

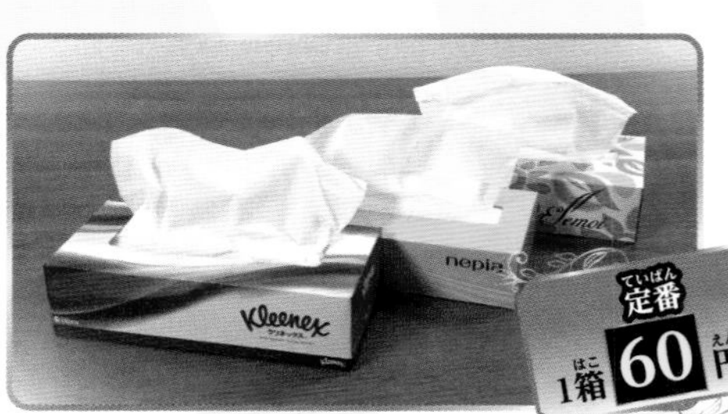


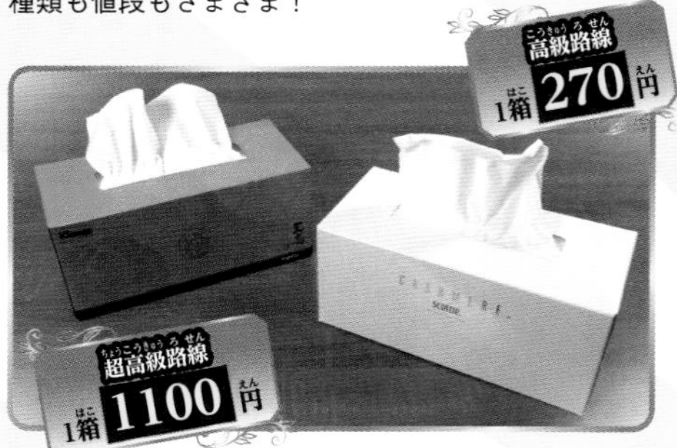


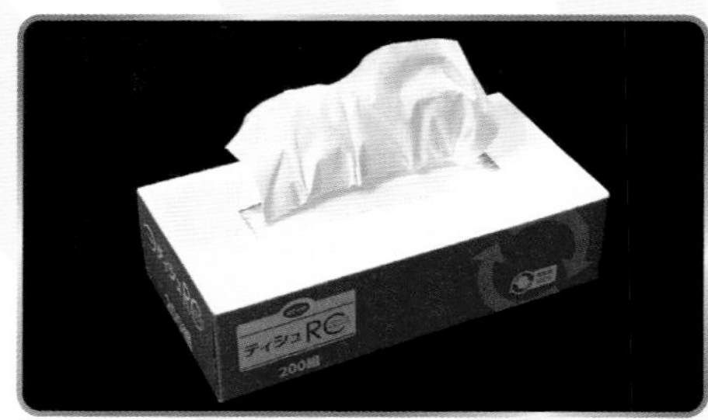

環境配慮型。再生紙利用で、取り出し口が紙。

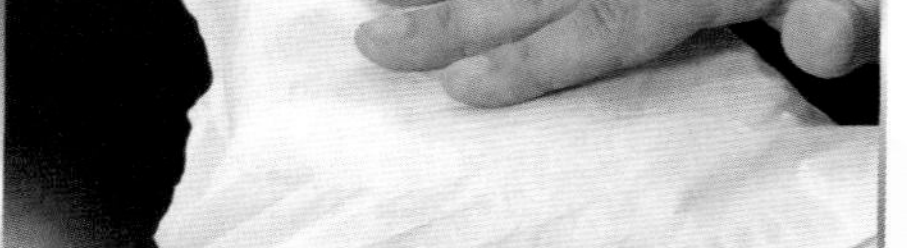
肌触りがティッシュの最重要ポイント。

肌触りにこだわるって何をどうしとんじゃ!?

# Q なんでティッシュはふんわりしとるんじゃ？

## A 秘密は3つあるんだよ。

「2枚重ね」！「表面のシワ」！「木材の配合」！

ティッシュの売れ行きを左右するふんわりとやわらかな「肌触り」。その秘密は、製造工程にあるんだ。

**その1**

2枚重ね！

薄い紙を２枚重ねて紙の間に“空気の層”をつくる。それにより耐水性や強度をアップ！

そんなミクロの世界にまで気をつかっとったとは!

**その2**

こまかなシワで“サラッと軽やか”

あえて削り取るように剥がすことで紙に細かなシワが入った状態に。肌への接地面が少なくなり、サラッと軽やかな肌触りになる。

**その3**

マツなどの針葉樹は、繊維が長いので紙に強度が出る。

ブナなど繊維の短い広葉樹をブレンドすることで柔らかさを出す。

木の種類や配合によって、紙の柔らかさや丈夫さが変わる。使う“針葉樹”と“広葉樹”の２種類のブレンドで調整する。

ほえ～！
そんないろんな工夫があったとは!

# Q ティッシュって何からできとるん？

## A 木材チップから作られるよ。



### 木材がティッシュになるまで

フワフワの肌触りのティッシュ。広大な工場で、多くの工程を経て作られている。

1

ティッシュの原材料になるのが木材チップ。これを「パルプ(繊維)」に。

2

木材チップには、廃材なども使っている。またこの会社では環境にも配慮し、木を植えるところから生育、伐採まで自社で管理。

3

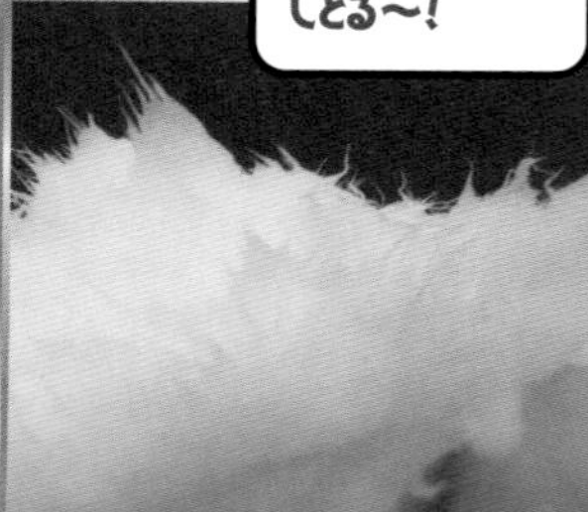

木材チップを蒸解塔で150度ほどに熱しつつ薬品を加えてドロドロにし、パルプと呼ばれる繊維を抽出。

4

薄い紙が出来上がる！

ほ～なんかシワシワしとるし、
ずいぶん伸びるんじゃの～

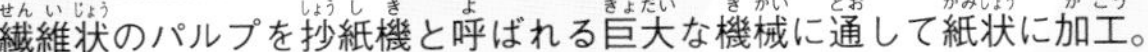

繊維状のパルプを抄紙機と呼ばれる巨大な機械に通して紙状に加工。

5

紙をロール状に巻き取っていき、長さ130kmの巨大なロール紙に！

6

ロール紙２本を１枚に貼り合わせ、２枚合わせにしたらティッシュ１枚の幅、20cm間隔に切れ目を入れ、小分けにしていく。

7

そして、ティッシュの仕組みに欠かせない工程。「コの字」状に折り曲げ、重ね合わせることで、1枚引き抜くと次のティッシュも引き上げられて出てくる仕組み。詳しくは企業秘密！

完成

折り重ねられたティッシュを箱に入るサイズにカットし、箱詰めすればボックスティッシュが完成！

# Q ティッシュが日本で使われるようになったのはいつなん?

## A 日本では50年くらい前から。

### ちり紙からティッシュへ

ティッシュペーパーが世界で初めて開発されたのは今から約100年くらい前。日本での歴史は50年ほどで、発売当時は高級品。当時は「ちり紙」が主流だった。

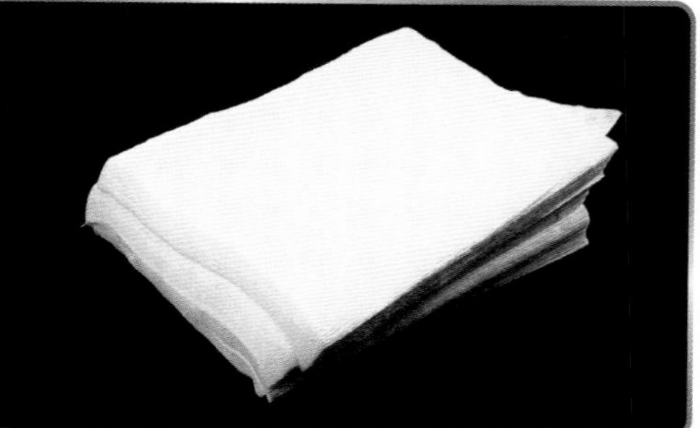

昭和当時のちり紙。値段はティッシュのおよそ半額だった。（写真左：富士山かぐや姫ミュージアム）

ティッシュメーカーの社員は、ティッシュを置いてもらうため薬局を1軒ずつ回り、地道な草の根運動でティッシュを普及。

1970年代はスーパーマーケットの出店ラッシュで、目玉商品に5箱セットのティッシュペーパーが採用されたことも追い風に。

ティッシュに
そんな歴史があったんか!

# Q 街でポケットティッシュを配ってるのって日本だけなん？

## A ホント。外国人が驚く独特の文化だよ。

### 日本ならではの文化！

「ティッシュ配り」は1970年頃から始まった。日本では当たり前の光景だけど、海外ではほとんど行われていない。最盛期には（業界全体で）1年で30億個も作っていたそうだ。

宣伝・広告用にティッシュを配るのは日本ならでは。「受け取ってもらいやすく」「捨てられにくい」！

世の中の流行や経済に詳しいマーケティングアナリストの原田曜平さん



最盛期には1年で30億個も作っていたよ（業界全体）。

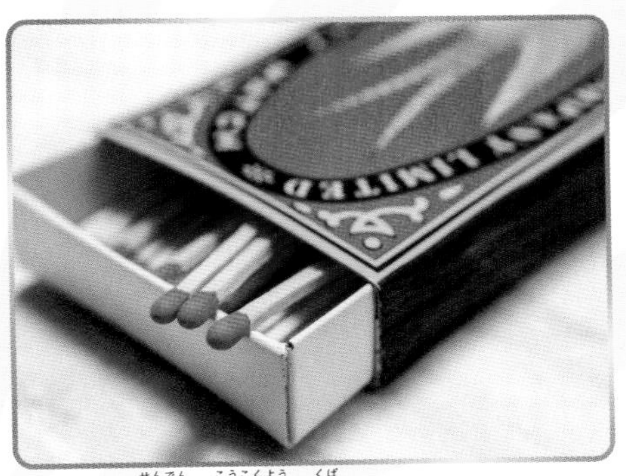

それまでは宣伝・広告用に配られていたのはマッチ！

過去に、ニューヨークに出店した牛丼店がポケットティッシュにクーポンを入れて配った。チラシだと1分間に10枚くらいしか受け取ってもらえなかったが、ポケットティッシュだと50個くらい受け取ってもらえたという。

# Q 信号機っていくらなん？

## A 約110万円。（一横断路当たり）

### 日本は信号機大国！

日本全国にある信号灯器の数は、約230万灯！　他の国と比べてみても世界トップクラスの数なんだ。作り方を見てみよう。

大手信号機
メーカー
交通課課長
渡辺将史さん


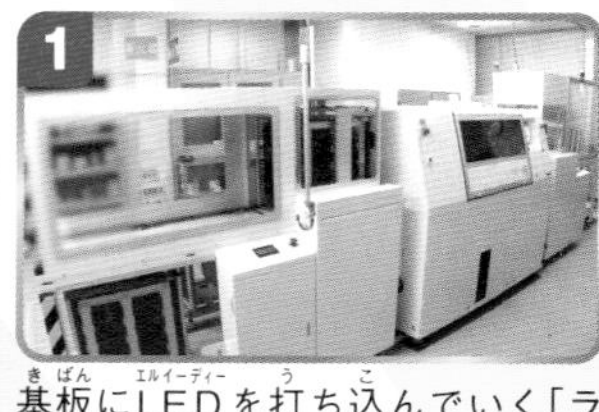

1 基板にLEDを打ち込んでいく「ラジアル部品挿入機」。

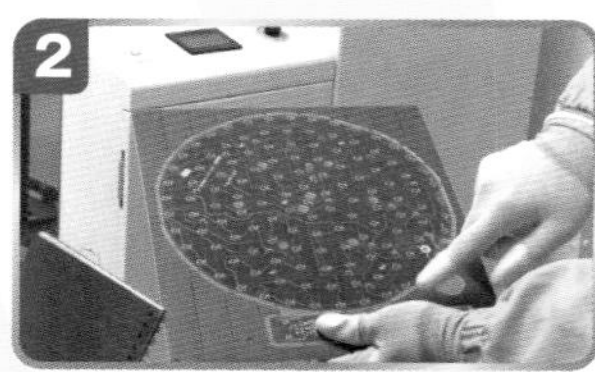

2 丸くくりぬくと車両用信号機の基板になる。

3 このひとつひとつがLED。

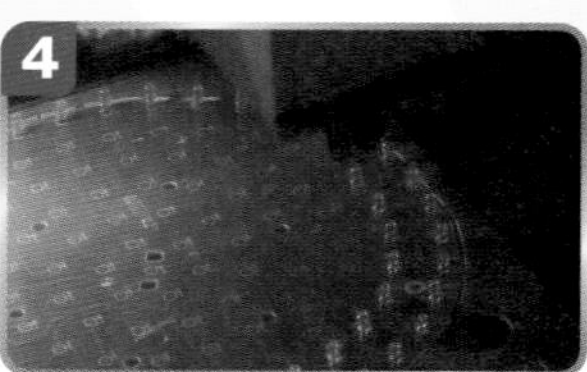

4 LEDが自動で基板に打ち込まれる。

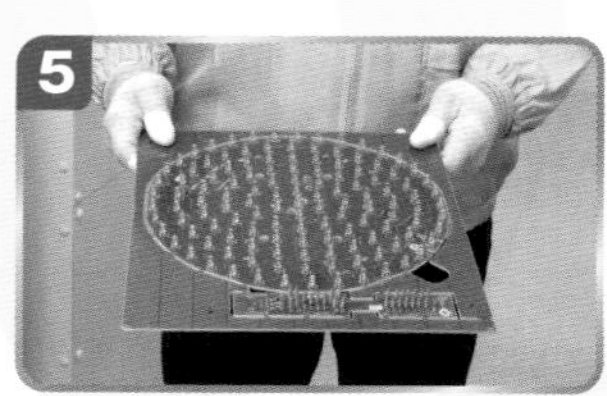

5 1色のレンズにつき128個のLEDが使われている！

6 樹脂部品を作っている成形機。樹脂素材を型に入れると成形された部品が自動で出てくる。

7 パーツをボディにはめて完成！

8 全国へ出荷。この工場では車両用の信号や矢印の信号、歩行者用の信号も作っている。

# Q LED式の信号機ってすごいんか？

## A 見やすいし、寿命が長い。それに電気代が安い！

### 電球式からLED式へ

1994年にLED式が登場する以前は、信号機は電球式だった。近年、日本ではこのLED式の信号の普及が急速に進められており、東京都にいたっては、設置率100%を達成しているんだとか！

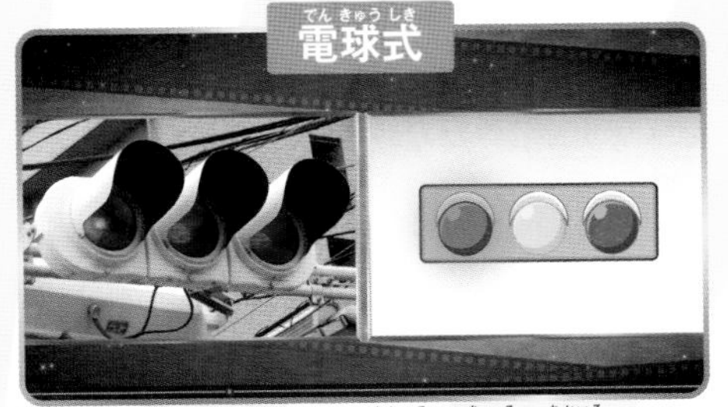


電球式は、表面のレンズに青色や黄色、赤色がついている。

西日が当たって見にくい電球式信号機。

交通安全にもつながるすげえ進化なんじゃのう！

LEDは見やすい！

LED式はLED自体が発色・発光するので見やすい！

LEDは寿命が長い！

電球式は毎年１回必ず電球を交換するがLEDは６～８年大丈夫。

ロマン
食卓
おうち
お店・町
働く車
でっかいもの

# Q 信号機開発に欠かせない、大事な実験って何？

## A 台風などの雨風に耐えられるかという実験。

### 開発の現場を見てみよう

外に置かれる信号機。悪天候でも壊れないよう、工場内にある製品を検査するための部屋では、台風などに匹敵する１時間に50ミリ以上の雨を再現し、その中でも正常に動くかどうかといった耐久実験などを繰り返している。

台風や大雨は信号機の大敵!?（写真はイメージ）

悪天候で信号機が壊れたら大変だ。（写真はイメージ）

あらゆる方向から水をかけて信号機が大丈夫かどうかを確認する。

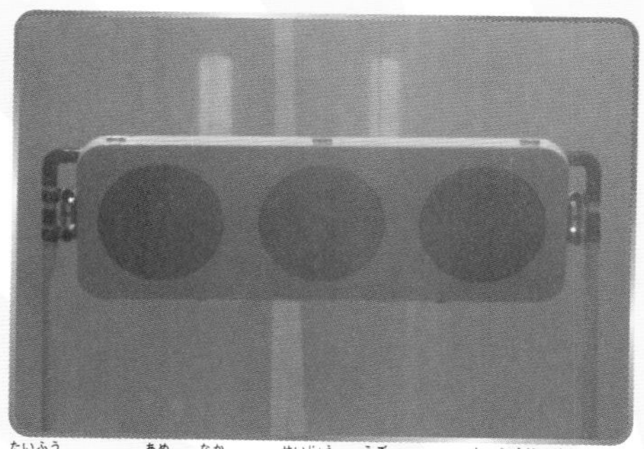

台風などの雨の中でも正常に動くかの耐久実験は欠かせない。

ひゃ～!?すげえ!
部屋の中なのに
大雨じゃ!

# Q 最新式の薄型信号機って厚さ何センチなん？

## A 6cmしかないよ！

### 薄くなるとメリットがたくさん

最新の薄型信号機のボディの厚みはわずか６cmほど。薄くなったことでメリットがたくさんあるんだ。

**風雪にも強い！**

フードなしでも見やすく風や雪にも強い！

**輸送費削減！**

薄くて軽くなるとそのぶん輸送費がかからない。

**工事もラクに！**

交差点での設置工事も楽！

# Q 信号機っていつからあるんじゃろ？

## A 世界で初めて信号機が設置されたのは約150年前。

### 信号機の歴史を見てみよう！

世界で初めて信号機が設置されたのは約150年前。1868年にロンドンで設置されたガス灯のものだ。当時は馬車の交通量が増して事故が多発していたためなんだ。警察官が手動で動かしていた。

幼少期から信号機の魅力にどっぷり浸かり、北海道大学の大学院では信号機について研究！ 現在、北海道で公務員として働きながら休日のたびにお目当ての信号機を求め全国各地を巡っているんだとか！

当時は赤と緑のガス灯式の信号機が設置されていて警察官が動かしていた。

### 信号機の色の意味が違っていた!?

1910年代の後半、ニューヨークで世界で初めて3色の電気式信号機が設置された。当時、赤が「止まれ」は一緒だが、黄色は「南北に進む車だけ進め」、緑は「東西に進む車だけ進め」という意味だった。

## レンズにカタカナ文字が!?

1930年3月、日比谷に日本第１号となる信号機が設置された。それ以前は、警察官による手信号で交通整理が行われていた。明治から大正にかけて交通機関が急速に発達したためだ。

明治から大正にかけて交通機関が急速に発達した。
出典：国立国会図書館「写真の中の明治・大正」

当時はまだ世間に信号機の色分けの意味が浸透していなかったからレンズに「トマレ、チウイ（注意）、ススメ」のカタカナの文字が書かれていた！

## 今ではいろんな信号機がある！

実は初めてヨコ型信号機が開発されたのは日本の京都でのこと。アジアでは見られるが、世界でヨコ型信号機は珍しい。また地域や風土によるさまざまな工夫がされているよ。

韓国

アメリカ

スペイン

信号機愛好家たちから「ＵＦＯ型信号機」と呼ばれている信号機。歩行者のスペースを確保できるよう、１本の柱の先に４面ぶんの信号機がつけられている。

フードがすごく長い信号機。道路が鋭角に交差している交差点に設置されている。ドライバーが迷わないようにするための工夫だ。

# Q マンホールがアツいってどういうことなん？

## A フタに注目が集まっているよ。

### マンホールは作業用の縦穴

道路で目にするマンホール。地下の下水道や電気ケーブルなどの点検、修理などの作業をするために、道路や歩道に開けられた縦穴のことだ。その数、全国およそ1600万もある。

### デザインマンホールが人気！

今、注目されているのが「デザインマンホール」「ご当地マンホール」と呼ばれるマンホールのフタ。自治体の名物やゆかりの人物、人気のキャラクターまで全国で8000種類以上あるんだ。

広島県尾道市

岡山県岡山市

長野県飯田市

富山県富山市

長野県茅野市

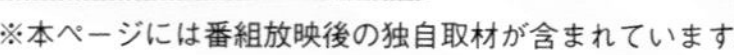
※本ページには番組放映後の独自取材が含まれています。

# Q なんでデザインマンホールが増えとるん？

## A 観光誘致や点検のための財源確保のため。

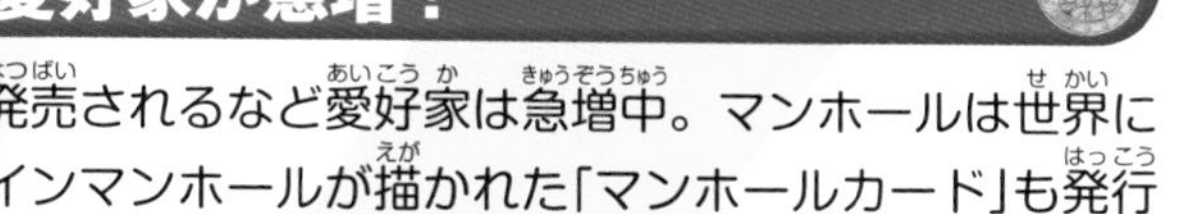

### 愛好家が急増！

イベントが開かれたり、書籍が発売されるなど愛好家は急増中。マンホールは世界に誇れる文化物としてご当地デザインマンホールが描かれた「マンホールカード」も発行され、人気だ。観光誘致の目玉としても注目されている。

これまで21弾まで製作されバリエーションは1002種類、総発行枚数は1100万枚以上！　各自治体（団体）で無料配布している。（写真提供：GKP）

### 実は財源確保のため!?

全国に約1600万あるマンホールのフタ。現在、交換時期に差しかかっているものが350万以上あるが、実際に交換されるのは年間でわずか10万ほど。点検・交換の財源確保のために、企業広告を掲載できるデザインマンホールもある。

愛知県豊橋市ではマンホールに広告掲載企業を募集。広告収入を得ている。

# Q マンホールのフタっておいくらするん？

## A 約8万円。

年間4万枚以上のマンホールのフタを製造しているこの工場は関東最大規模だ。

マンホール蓋枠のメーカー
営業部長
井上好道さん

### ❶ 母型を作る

まず「母型」と呼ばれる、ベースとなるアルミや木でできた原版を作る。自治体から発注を受けるとまずデザインを考え、ロボットで型に絵柄を彫っていく。

母型。

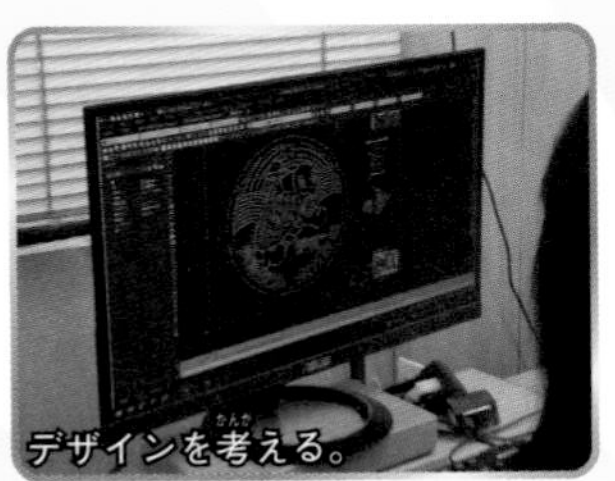

デザインを考える。

絵柄を彫る。

### ❷ 鋳型を作る

砂で母型の周りを固めて砂型（鋳物）を作る。砂の配合はとても重要。高温の金属を流し込むので崩れやすくてはだめで、一方、後で型から出すので簡単に崩れてくれないといけない。

砂の配合が大事なんか!?奥深いのう！

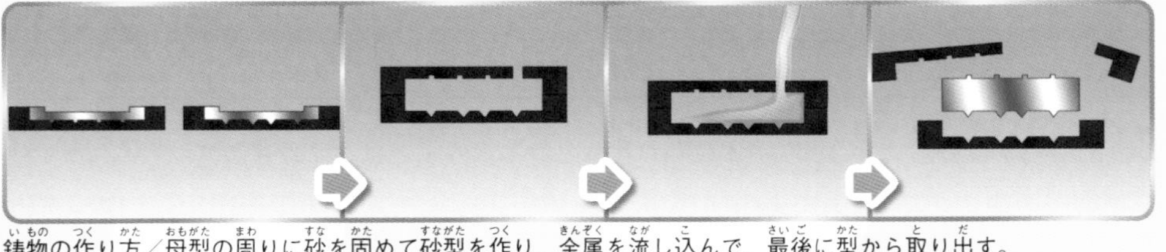

鋳物の作り方／母型の周りに砂を固めて砂型を作り、金属を流し込んで、最後に型から取り出す。

## ③ 砂型に金属を流し込む

砂型に1500度の高温で溶かした金属を流し込む。金属の材料は自動車のスクラップ（ボディや部品などの端材）。自動車には質の良い金属が使われているため、頑丈さが必要なマンホールのフタに最適。

## ④ 冷やし固めて砂を落とす

型に入れた金属を冷やし固めて砂型から取り出したら、砂を落とす。枠にピッタリはまるよう側面を研磨し、さび止めの塗装をほどこせば完成！

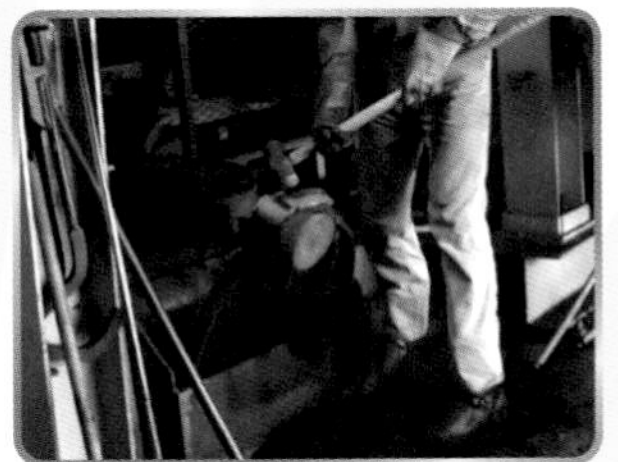

砂型から取り出す。

小さな鉄球をぶつけて砂を落とす。

さび止め塗装をして完成！

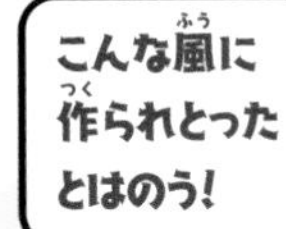

ちなみにデザインマンホールは手作業で色付けしている！

# みんな大好き動物園のお金のヒミツってどうなっとるん？

## 人気の動物がいると経済効果がすごい！

最近の動物園では、アイドル並みに人気の動物たちが注目されているんだ。人気の動物がいるとたくさんの人が見に来てくれる。経済効果がバツグンなんだ。

経済効果に詳しい
関西大学名誉教授
宮本勝浩さん

東山動植物園で人気のフクロテナガザルの経済効果を試算したところ、約23億円になったよ！

※動物園に来たお客さんが使ったお金（入園料や食事代、お土産代、交通費や宿泊費）、そして動物園でお客さんが買うものを作るのにかかったお金（入園チケットやパンフレットの紙代、食事やお土産の材料費など）。その結果、収入が増えた人たちが新たに使ったお金までを合計して算出。

クオッカ

「世界一幸せな動物」として有名。口角があがっていて笑ったように見える。日本では埼玉県こども動物自然公園で見られる。

ニシゴリラ

東山動植物園で飼育されているイケメンで有名なニシゴリラのシャバーニ。写真集が出版されるほどの人気。

パンダ

ジャイアントパンダはいつだって動物園の人気者だ。

# Q 動物園でエサ代が高い動物って何なん？

## A コアラ。

### グルメだからしかたない!?

ケタ違いにエサ代がかかるのはコアラ。エサのユーカリは国内には自生せず、輸入もできない。東山動植物園ではユーカリを近くで栽培しているが、冬にもユーカリを安定供給するために暖かい沖縄等でも栽培、空輸しているからなんだ。

**コアラ**

1食のエサ代 約2万8000円

**キリン**

1食約2200円。

**ライオン**

1食約1700円。

**ゾウ**

1食約2200円。

ケタ違いじゃ!
なんでこんなに高いのか
理解できん!

※いずれの金額も番組が各所への取材、データ等を基に算出。

# Q 動物がイキイキ暮らせる動物園の進化って何なん？

## A 「行動展示」「屠体給餌」「ストレス解消の工夫」など！

### 「行動展示」がすごい！

それまでの動物園では動物を限られた単調なスペースに入れ、その姿を見せるのが主流だった。しかし現在では木を植える、岩場を設けるなど本来の生息地に近い環境を再現することで、その動物本来の生き生きとした行動を見せる「行動展示」を行う動物園が増えている。

どうぶつ科学コミュニケーター
大渕希郷さん

面白い試みがいろいろ行われているよ！

動物がイキイキ動き回って、お客さんもたまらんのう

## あえてそのまま与える「屠体給餌」※

野生の肉食動物は、獲物を自分で解体して食べる。それに近いエサのやり方として「屠体給餌」も行われている。食べやすいブロック肉などではなく、皮や骨がついたそのままの肉をあげるんだ。

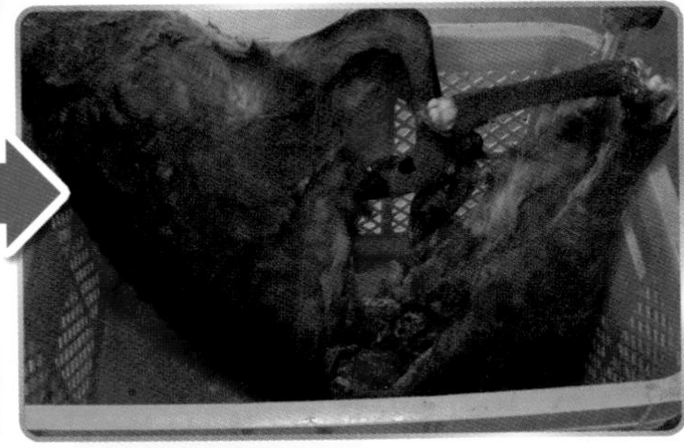

駆除されたシカやイノシシのジビエ（野生の鳥獣肉を食材とすること）以外の利活用としても注目されている。

※低温殺菌など動物に与える前に感染症対策は施しています。

### ひみつミニコラム！ Wild meæt Zooの活動

日本では野生動物による農作物の被害額が2022年度で156億円。特に被害を出すシカやイノシシは年間100万頭以上捕獲されており、ジビエなどでの活用が求められている。その一環として、私の所属するWild meæt Zooでは動物園での活用を始めた。屠体を与えることで、動物園で暮らす肉食動物たちの食事時間が大幅に伸びたのだ。これによってストレスからくる異常行動が減ることも確認され、各界から注目を浴びている。文：大渕希郷

## 動物たちの心と体の健康のために

動物園の動物たちはもともと野生で暮らす動物。でも、動物園という野生とは違うところで暮らしている。飼育員さんたちはそんな動物たちのストレスを少しでも軽減するよう陰でいろんな努力をしている。

野生では動物はエサを探すことに時間を費やす。動物園でもエサを隠すことで少しでも退屈な時間を減らそうとしている。写真は東山動植物園のスマトラオランウータンの例。

東武動物公園では、乾燥する冬場は肌が弱いカバのために保湿としてオリーブオイルをかけてあげている。

## 昔から行われていたストレス解消の試み

およそ50年前(1971年)、上野動物園のゴリラ「ブルブルくん」は、ストレスで、同じところを歩き回ったり、自分の毛をむしって食べるようになってしまった。そこで当時の飼育員さんは、ブルブルくんにテレビを見せることでストレスの解消を試みたそうだ。

当時のテレビは、高級品！テレビ設置以外にも、飼育員さんたちのさまざまな努力でストレスによる異常行動は解消され、元気になったそう。

# Q 最近、動物園で動物の赤ちゃんがいっぱい見られるのはなんでなん？

## A 繁殖技術が進歩しているから。

### 高い繁殖技術で注目されている

カワイイ動物の赤ちゃんが各地の動物園で人気。これはいろんな研究機関と協力し、繁殖技術が進歩しているからなんだ。日本の動物園の高い繁殖技術は今、世界でも注目されている。

写真提供：長崎バイオパーク

### アジアゾウは繁殖が難しかった！

謎の多い野生動物の繁殖メカニズムを解明することも動物園の使命のひとつ。アジアゾウは動物園での繁殖が難しく、日本の動物園では1888年の上野動物園での飼育を皮切りに国内のさまざまな動物園で飼育されてきたが、初めて赤ちゃんが生まれたのは2004年のことで場所は王子動物園。

# 命を守る救急車のお金のヒミツってどうなっとるん？

## いざというとき、命を守る!

大きなケガや重病など、いざというときの頼れるクルマが救急車だ。正式名称は「救急自動車」といい、全国の消防本部では約6500台を保有している。

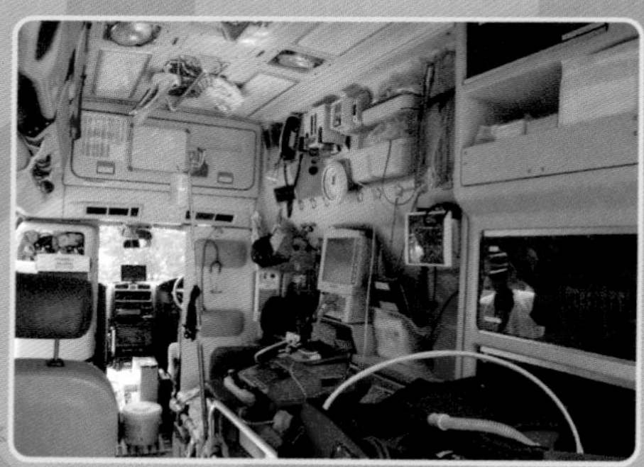

by Kirakiraouji,CC BY-SA 3.0

## 最先端の特殊な救急車!

大きな災害や事故の発生時に備えて、高度な設備を備えた特殊救急車もある。救護所としてボディを左右に拡張し、応急処置などが行えるベッドを内部に８台設置できる。

特殊救急車スーパーアンビュランス

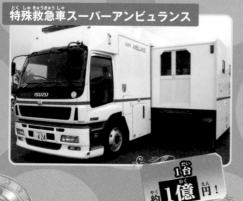

1台
約1億円！

ベッドを内部に８台設置できる。

これはもはや
「走る病院」じゃ!

# Q 地域によって救急車は違うってホントなん？

**A ホント。自治体によって交通事情や積む医療機器が違う。細かいニーズに応えている。**

## 見た目も内装もいろいろ違う！

日本全国、同じ救急車が走っているわけではない。地域によって見た目や内装が違っている。地域の自治体ごとに求められるものが違うんだ。だから、地域によって、救急車自体のお値段も変わってくるんだそう。

赤いラインが入っているものと、入っていないものも！

江の島（神奈川県藤沢市）は狭い道が多いから軽自動車タイプの救急車！

**お値段 約750万円！**

いろんなニーズに対応しているんじゃの〜

# Q 救急車ってどうやって作られるん？

## A 一般に販売されている車をベースに手作業で作られる。

### 普通のワゴン車が救急車に変身!?

救急車のベースとなるのは市販されているワゴン車。屋根の部分を別の工場で切り取り、救急車専用の特別な高い屋根を取り付けている。

ワゴン車の屋根の部分を別の工場で切り取り、専用の屋根を取り付ける！

イラスト にしむらゆうじ

### 手作業で15時間！

愛知県にあるこの救急車などの働く車を開発・生産する会社では国内の救急車のおよそ８割を作っている。ニーズごとに仕様が違うので、基本、手作業だ。15時間かけて１台の救急車を作っていく。

国内の救急車のおよそ８割を作っている工場。

第1工程

カットした赤帯をボディーに貼りつける。

ロマン
食卓
おうち
お店・町
働く車
でっかいもの

## 第2工程

外装パーツ(赤色灯とスピーカー類)をつける。

## 第3工程

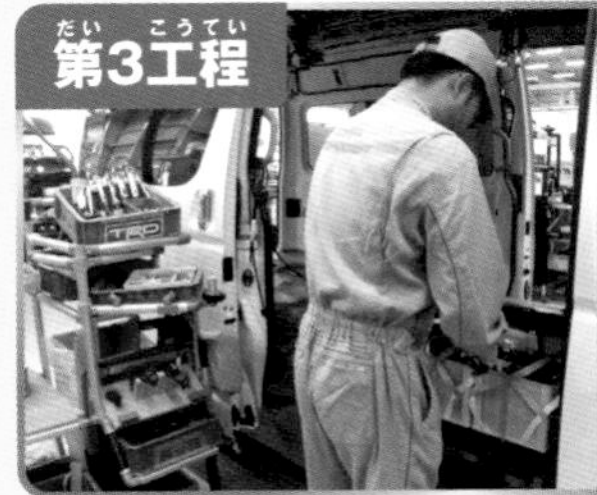

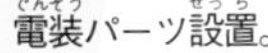

電装パーツ設置。

## 第4工程

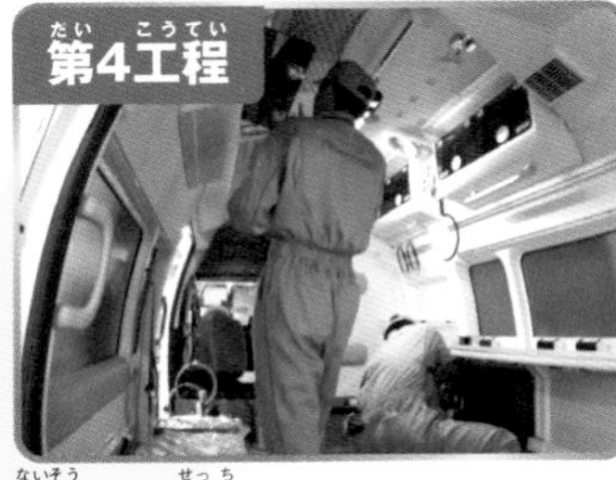

内装パーツ設置。

## 第5工程

車内の付属品を設置。

## 第6工程

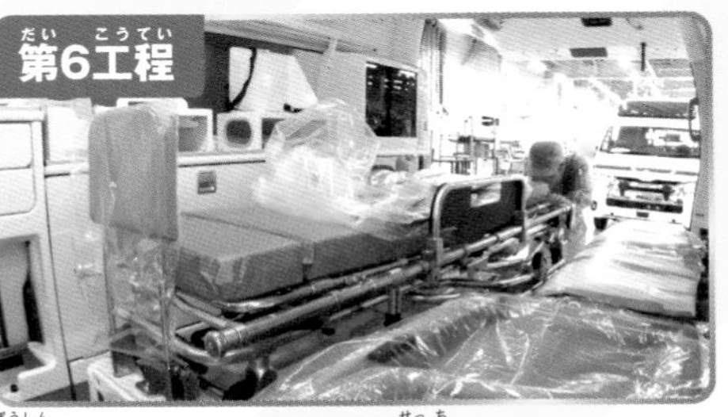

防振ベッドやストレッチャーを設置。

## 完成

標準的な救急車が完成!

※写真は2018年取材当時の様子です。

1台を作るのに
ものすごい手間ひま
がかかってるんやな!

## ひみつミニコラム! 救急車の車内スイッチに注目!

運転席にあるボタン。「ピーポー」「サイレン」など書いてあるんだ! 一瞬で何のボタンかわかる表示になっているんだね。

[FI]
[FO]

ピーポー

サイレン

音声

警光灯
停止

# Q 消防車って火を消すだけじゃないんか!?

## A 放水する以外にも、現場で役立つさまざまな消防車があるんだ。

### さまざまな役割の消防車がある！

消防車といっても単に放水をする車両だけでなく、水のタンクとしての車両や道具を運搬することに特化した車両など役割ごとに分かれている。火災現場の状況に合わせて必要な消防車が出動するんだ。

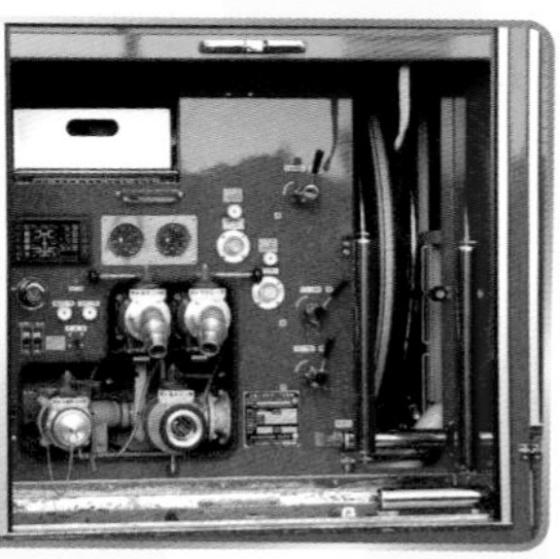

消防車といえば放水車だが……。

水タンク専用

はしご専用

支援物資専用

道具積み込み専用

いろんな目的の消防車がある。

ひゃー消防車って火を消すだけじゃないんか!

ロマン
食卓
おうち
お店・町
働く車
でっかいもの

## 人命救助に特化した消防車も！

消防署には、災害時の人命救助のための道具が積まれた「救助工作車」もある。さまざまな道具を駆使して救助にあたっているんだ。

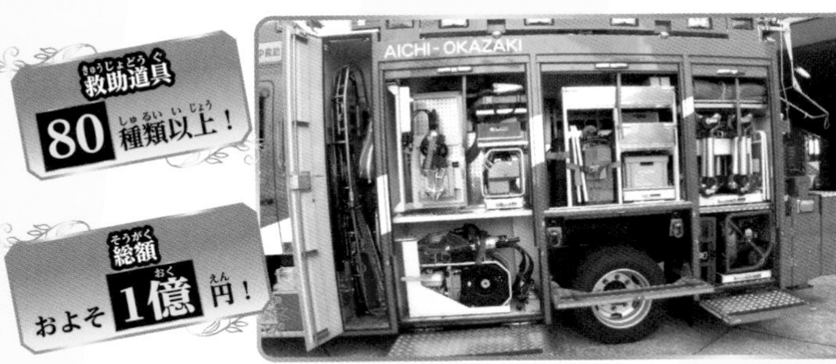


救助工作車には救助道具が80種類以上積まれている。

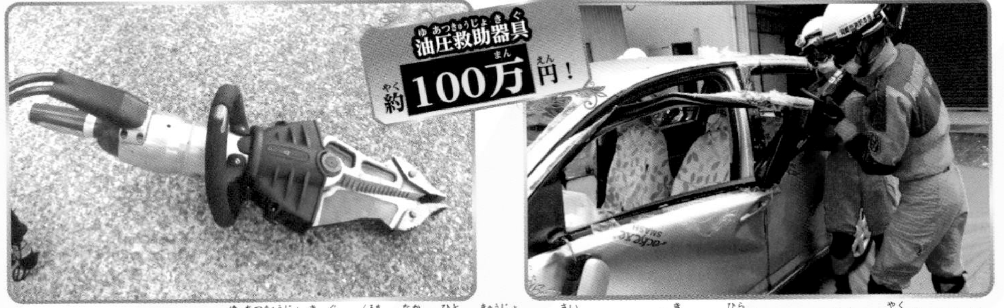


でっかいハサミみたいな油圧救助器具。車の中の人を救助する際にドアを「切る、開く、つぶす」の3役をこなす。

「マット型空気ジャッキ」。最大58トンのものを持ち上げられる。１両が40トンぐらいの電車も持ち上げ可能だ。

消防車専用のカーナビ。消火栓の位置や危険物の情報、道路工事の状態などを消防隊員さんが、日々自分たちで足を使って調べ、それを反映させているんだとか。

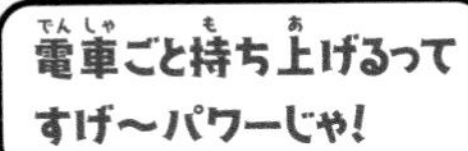

電車ごと持ち上げるって
すげ〜パワーじゃ！

# Q 消防隊員さんたちの訓練ってどんなん？

## A 日々の過酷なトレーニングのほか、自主的に訓練している人も多い！

### 皆を守るための超過酷トレーニング！

出動していないときの消防隊員さんたちは、さまざまな状況に備え、素早く安全に対応するための訓練に日々励んでいる。

河川や高いビルの上で活動する訓練。ロープを伝う速さは常に腕を磨いている。

壁の降下訓練。

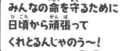

放水訓練。

みんなの命を守るために
日頃から頑張って
くれとるんじゃのう〜！

# 訓練専用の島がある!?

日々のトレーニング以外にも、自主的に訓練を積み、スキルアップを図る消防隊員さんたちは多い。実践的な訓練をするための特別な施設もあり、自腹で参加する隊員や、アメリカまでトレーニングに行く隊員も！

全長約460m、幅約65mの無人島（第二海堡）にある訓練施設。ここは、海上災害防止センターの訓練施設で、もともとは船員の訓練を実施。地理条件を生かし、さまざまな場面の火災に対応した訓練ができる。

住宅火災を再現し、要救助者を救出するための突入訓練なんてことも可能！本番さながらの訓練が行われている。

2日間の訓練費用 およそ10万円！

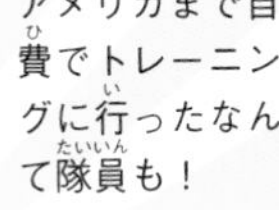

アメリカまで自費でトレーニングに行ったなんて隊員も！

ロマン

食卓

おうち

お店・町

働く車

でっかいもの

# Q 1秒でも早く消火するため、消防隊がこだわっているものは？

## A ホース。

## 被害を最小限に食い止めるために！

火災現場では出火してから避難可能な時間は3～5分ほどといわれている。被害を最小限に食い止め1人でも多くの命を救うため、消防隊員さんたちは1秒でも早く出動し消火するさまざまな工夫をしている。その一つがホースへのこだわりだ。

### 注目のホース延長方法！

群馬県・渋川市の消防署では、現場に到着してから放水開始までのスピードアップのための工夫がすごい。「渋消式」という方法が消防業界で注目されており、全国各地から消防隊員が視察に訪れ、その技術を学んでいるんだとか！

一般的なのは渦巻き状。まずホースを地面に置き、ボウリングのように転がしてから、隊員が走って追いかけて伸ばす。

畳み方に一工夫した「渋消式」。隊員はホースを入れたバッグを担いだまま伸ばしていく。時間短縮ができ、角を曲がるなどの地形にも柔軟に動ける。

全国各地の消防隊員が視察に訪れている。

# 新型ホースで放水が早く！

消防用のホースもスピード化。従来の内側には細かいデコボコがあったが、新しい進化したホースには細い縦のラインが入り、表面がツルツルになっている。１秒２秒の積み重ねが大規模な延焼を防いだり全焼を止めたりすることにつながるんだ。

ホース製造をしている防災関連の大手企業
岸 辰哉さん

従来のホースの内側。横に細かいデコボコが。

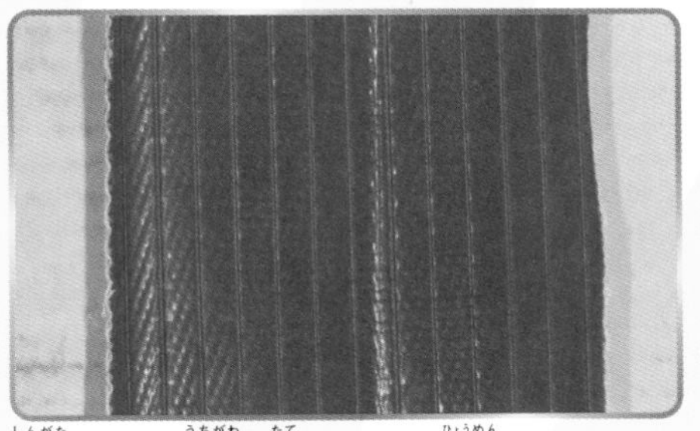

新型ホースの内側。縦のラインと表面のツルツルが特徴。

水の流れがスムーズになり、より速い放水が可能に！

# 色のついたホースでわかりやすく片付けやすい！

愛知県の岡崎市消防本部では、普通とはちょっと違ったホースを使っている。岡崎市消防本部には消防署や出張所が10か所あり、大規模な火災で集まって消火活動した時に混乱しないようにと、それぞれ使うホースの色を分けているんだとか！

皆さんの1秒を短縮する努力、ありがとうじゃあ！

# Q すごいハイテク進化系消防車ってどんなん？

A さまざまな火災や災害に対応するパワフルな特殊消防車が登場しているよ。

## 日本で２台しかない全地形対応消防車！

お値段 約1億円！

全地形対応消防車「レッドサラマンダー」。

日本で２台しかない全地形対応消防車。最大60cmの段差も乗り越えることができ山道もラクラク！　水深1.2mまでなら水中走行も可能。普通の消防車では行けないような災害現場での活躍が期待されている。

荒地やぬかるみ、坂、瓦礫や土砂が堆積した場所でも走行することが可能。愛知県岡崎市消防本部と大阪市消防局に配備されている。

水深1.2mまでの水中走行もできる大型水陸両用車だ。

台風や地震など自然災害での救助で貢献している。

# 航空機用消防車がある！

大量の燃料や酸素を搭載した旅客機などはいったん火災が起きると大災害につながる恐れが高い。航空機の火災に備える消防車はそのスペックもかなりパワフルだ。

オーストリア製の空港用化学消防車。エンジンは1400馬力でこの巨体にもかかわらずおよそ40秒で時速100kmに達するモンスターマシンだ。

全長12m、高さ3.8m、そして横幅は車道とほぼ同じ3m。

日本国内でも100台以上が主要な空港などに配備されている。

クレーン型のホースになっている。

先端を航空機に刺して内側から一気に放水！　航空機は胴体が頑丈なため、外から放水しても内部の火が消えづらいのでアームを伸ばして内側から消火するのが一番効果的なんだとか。

アームの先端には、機体に穴を開けるための巨大な針を装備！

値段・性能ともにとんでもないのう！
こんなすごい消防車があったとは
知らんかったわい！

# 海底トンネルのお金のヒミツってどうなってるん？

## 日本の海底トンネル技術はすごい！

海に囲まれた日本では海底トンネルの技術が発達してきた。1942年、本州と九州を結ぶ「関門鉄道トンネル」が完成。これは世界初。1988年には青森と本州を結ぶ「青函トンネル」が開通。これは2016年にスイスのトンネルに抜かれるまで、世界最長だった！

当時の海底地質調査の様子。

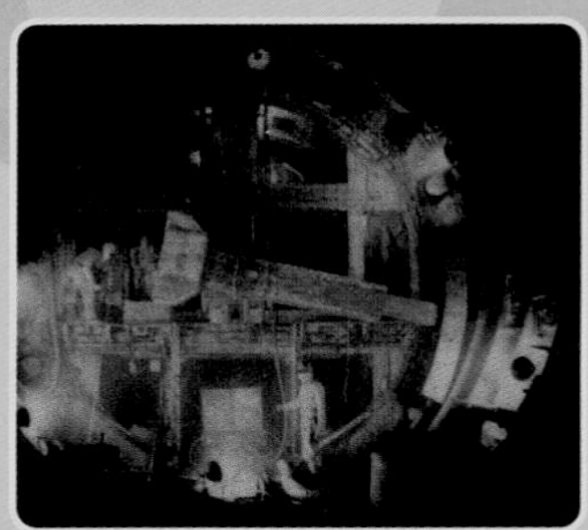

関門鉄道トンネルのシールドマシン。

当時を再現した青函トンネル坑道の様子。（青函トンネル記念館）

# 海底トンネルといえば東京湾アクアライン！

神奈川県川崎市と千葉県木更津市を結ぶ有料道路「東京湾アクアライン」は、世界で一番長い海底道路トンネルだ。日本最長の橋「アクアブリッジ」の先に、日本初の海上休憩施設「海ほたる」がある！

周辺設備など含めた
アクアライン総工費
約1兆4400億円！

神奈川

海ほたる

千葉

海底トンネル

アクアブリッジ

途中まで橋、途中から海底トンネルというつくり。全部が橋なら低コストで作れるが大型船が通るので、橋なら橋げたを高くしなくてはいけない。しかし羽田空港が近く、飛行機が低空で飛ぶので橋げたを高くできなかった。

日本最長の橋「アクアブリッジ」。

日本初の海上休憩施設だ。

# Q 東京湾の海底トンネルって何で掘ったん？

## A 直径14mの巨大シールドマシンで掘ったよ！

### 「土木のアポロ計画」と呼ばれたビッグプロジェクト！

東京湾の海底トンネル「アクアライン」を掘る工事は、世界最大級、直径14mの巨大シールドマシンで行われた。トンネル貫通まで3年がかかり、建設に関わった人数は述べ300万人以上。スケールの大きさから「土木のアポロ計画」と呼ばれていた。

世界最大級の巨大シールドマシンの刃先を再現した実物大モニュメント！

シールドマシンは、円筒形の機械の先端に、回転する歯付きの円盤がついていて、もぐらのように地中を水平に進む。

現場で工事を担当していたシールド工事に詳しい建設会社の河越 勝さん

当時の現場での様子。

## 海底を掘るのは大変だ！

工事はシールドマシンを海底に運ぶため、まず海上の２か所に人工島を作ることから開始。その人工島に深さ30mの縦穴を作り、ここからパーツを運び入れたシールドマシンを組み立てた。そして３か所から同時に１区間５kmの道のりを掘り進んだ。

巨大シールドマシンを縦穴で組み立てる。

頑丈なシールド（盾のような外殻）で地盤の崩壊を防ぎ、掘り進めたが、１日に掘れたのは平均して約７ｍ！

## ドッキングは超難しかった！

一番の難関は、双方から掘り進んでいって、上下左右の誤差なくドッキングさせることだったが新開発の測量技術を応用してズレをわずか５mmに抑えることに成功！　さらに最終段階では海水が入ってこないよう、なんと海底周辺の地盤を凍らせたんだよ！

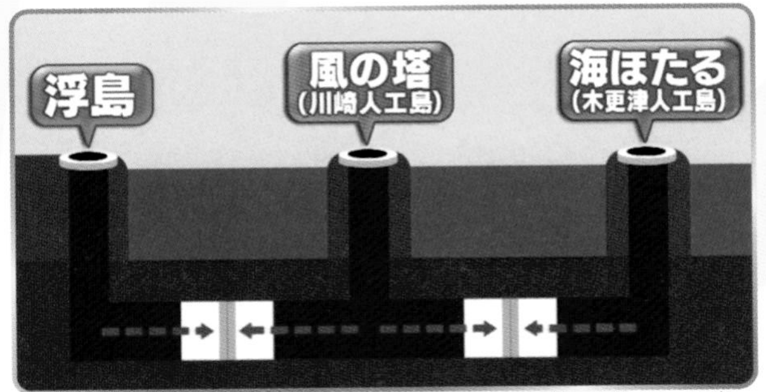


海底を掘り進んで、最後はドッキング。トンネルの中はＧＰＳの信号も届かないし測量も難しかった。

ひえーなんちゅう作り方！
地盤を凍らせたなんて
スケールがでけえ！

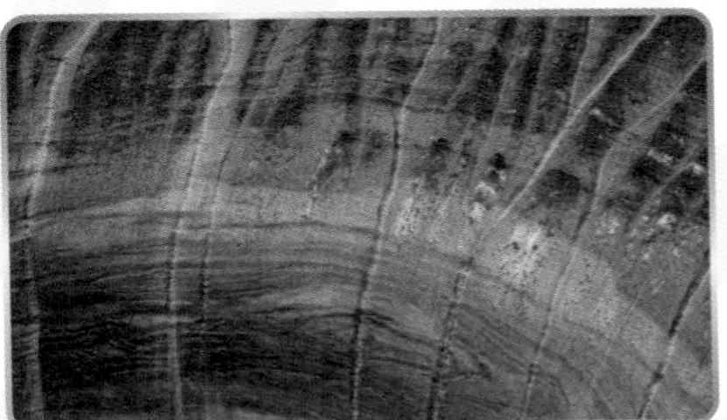

最終段階では地盤にマシン前面から凍結管を打ち込み、地盤を凍らせた。（写真はイメージ）

# Q モンスター級重機ってどんなん？

## A 人類史上最大級の掘削機だよ！

### ギネス世界記録にも登録されている！

ドイツ製の鉱山採掘用機械バガー293は、全長225m、高さ96m、重量１万4200トンというデッカイ重機だ。池袋の60階建てビルが約240mだから、まさにモンスター級なのに自走もできる！ 人類史上最大の自走機械としてギネス世界記録にも登録されている。

お値段 110億円！

製造期間 5年！

1日で動かせる土の量は240,000㎥。10トンダンプカーおよそ8900台分もの量。

回転式のホイールで地面を削り取っていく。

自走できる。速度は1分間で約10m。時速約600m。

車体にキッチン・バス・トイレも完備。

# Q クレーンってなんで重いものを持ち上げられるんじゃ？

## A 滑車の力を利用しているよ。



### 小さい力で重いものを持ち上げられる理由は？

巨大なものや重いものを吊り上げて運ぶクレーンは、建設や輸送の現場で欠かせないもの。固定された滑車と可動式の滑車を組み合わせることで、小さな力で大きなものを持ち上げる。ちなみにクレーンとは英語で鳥のツルのことなんだ。

国内向けクレーン車のお値段
1台約8650万円！

クレーンは小さな力で重いものを持ち上げられるんだよ！

日本最大手のクレーンメーカー
菊川真菜美さん

100kgの荷物を16kgの力で持ち上げる！

先端にいくつもの滑車がついている。

イースター島のモアイ像の修復にも使われた！（写真はイメージ）

# Q 日本最大級の腕の長さをもつクレーンってどんなん？

## A 橋や道路をそのまま運べるんだ！

### 持ち上げた物を遠くまで動かせる！

クローラクレーンとは、帯ベルト状の走行輪がついた移動式クレーン。長いブーム(腕)をもち、巨大工場、高速道路などの建設現場で本領を発揮！　ブームが長いと持ち上げた物を遠くまで動かせるから、道路や線路もそのまま運べて効率がいいんだ。

クローラクレーン運転手
岸下員千代さん
これは国内最大級の大きさなんだよ！

この写真のブーム(腕の部分)は約60mだが、追加でブームを付けると231mというすごい長さに！

線路の上を通る高速道路をつくる際、クレーンで道路をそのまま運んだときの様子。

現場に持ち込むときは、小さなパーツにして運んでから組み立てる。

ロマン
食卓
おうち
お店・町
働く車
でっかいもの

# Q 巨大コンテナをミリ単位で動かすクレーンがあるん？

## A 港で働くガントリークレーンだ。

### 職人ワザでコンテナを積み重ねる！

島国日本では、各地の港に外国からさまざまな貨物が入ったコンテナが大量に運ばれてくる。そこで活躍するのがガントリークレーンだ。操縦者は「ガンマン」と呼ばれ、港でのお仕事の中でも一握りの人間しかなれない憧れの存在なんだとか！

こちらは
全長150m！
コンテナを運ぶのに活躍するガントリークレーン。

P&O Nedlloyd
コンテナを運んで積み重ねるのは……実は職人ワザ！

4隅に固定のための突起があり、数ミリでもズレるとハマらない！

地上50mの高さから目視だけでクレーンを操る！

まぁ長年の
経験かな。
ガントリークレーン運転手
上圷 茂さん

世界平均の1.5倍のスピードで速く丁寧に操作する、スゴ腕ガンマン！

車の車庫入れの
超ムズい版って
ことじゃな！

ロマン
食卓
おうち
お店・町
働く車
でっかいもの

# Q クレーン船ってなんでひっくり返らないんじゃ？

## A 海水を入れてバランスをとっているから。

### バカデカいクレーンがついた船!?

橋の建設など海で大規模な工事をするときに活躍する巨大クレーン船。この「武蔵」は全長107m、ビル40階の高さに相当する132mのクレーンを積んでいる。最大3700トンを吊り上げられる。これは、船に海水を入れてバランスをとっているからなんだ。

瀬戸大橋の建設でも活躍した巨大クレーン船「武蔵」。

持ち上げるモノの重さで船がひっくり返ってしまいそうだけど……。

クレーンの反対側に海水を入れてバランスをとっている！

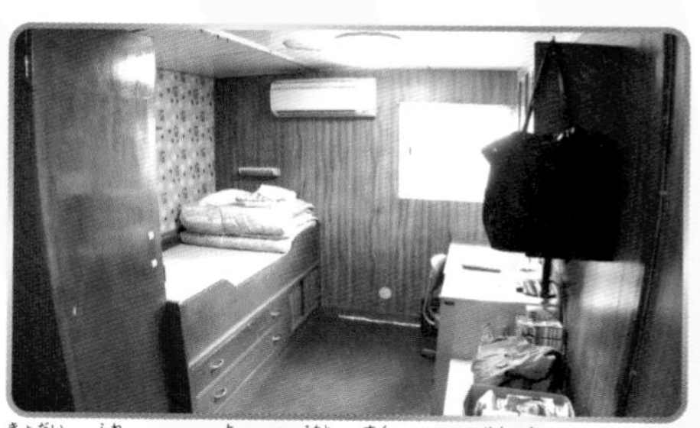

巨大な船なので寄れる港が少ない。船員さんたちは年間300日くらい、個室や食堂も完備したこの船で生活している！

もはや家じゃ！

# Q 先端にロボットが付いた最新クレーンって何なん？

## A 危険な場所での作業をする人型重機付クレーンだよ。

### 2024年稼働予定の最新クレーン！

主に高所に設置された多様な鉄道電気設備のメンテナンスを行うために作られた、多機能鉄道重機。５ｍを超える高所作業など、危険な場所での作業を手先が器用なロボットが行ってくれる。操作者の動きとロボットが完全にシンクロして動くんだ！

ＪＲ西日本と信号システムメーカーとロボット会社がコラボして開発。（写真提供：JR 西日本）

クレーン
ロボット操作者
花岡宏匡さん

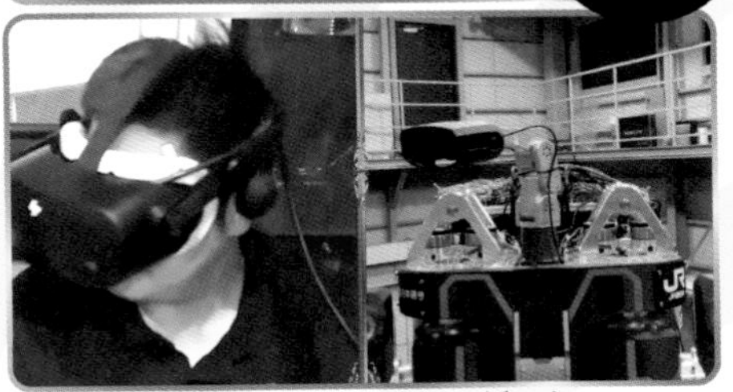

動きが完全にシンクロ！ 操作者が首を振ればロボットも首が動く！

人型ロボットが危険な作業を代行。（写真提供：JR 西日本）

かっちょええ！
ワクワクが
あるのぅ！

# Q 新幹線は走ってないとき何をしているんじゃ？

## A 基地で人の目と手による丁寧なお手入れを受けている。

### 安全・安心を守るためにメンテナンスが大事！

時速200km以上のスピードで日本各地を結ぶ新幹線。その安全を守るため、新幹線は走っていないとき、機械と人の目と手による丁寧なお手入れを受けているよ。

新幹線がずらりと並ぶＪＲ東海の大井車両基地。

人の目と手による丁寧な点検が大事なんだ。

基地ではこんなことをしとったんか～！

# 新幹線の洗車の方法とは？

全長約400mの新幹線は、専用の線路をゆっくりと通って、洗車用のゲートをくぐることで洗車されるんだ。

## ゲート1／薬線

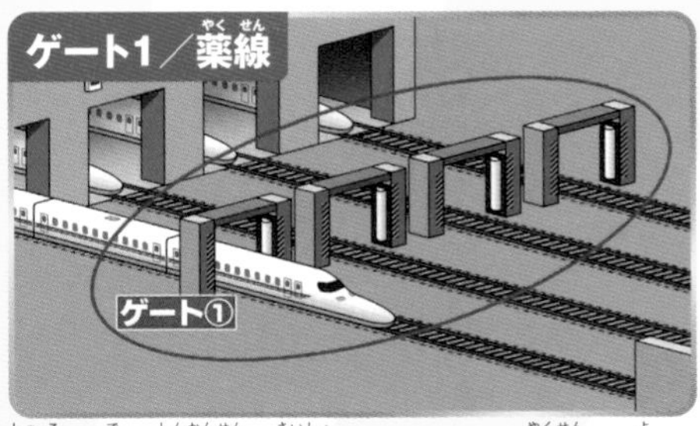

車庫を出た新幹線が最初にくぐるのが「薬線」と呼ばれる洗剤を付けるためのゲート。ゲートに付けられたブラシから洗剤が噴射され、車体に洗剤が塗られていく。

## ゲート2／洗浄線

次に「洗浄線」と呼ばれるたくさんのブラシが付いたゲートをくぐる。時速10kmでゆっくり通ることで車体を3分ほどで洗うことができる。

## ひみつミニコラム！

汚れが落ちにくい新幹線の正面の顔の部分は、係の人たちによる手作業だ！

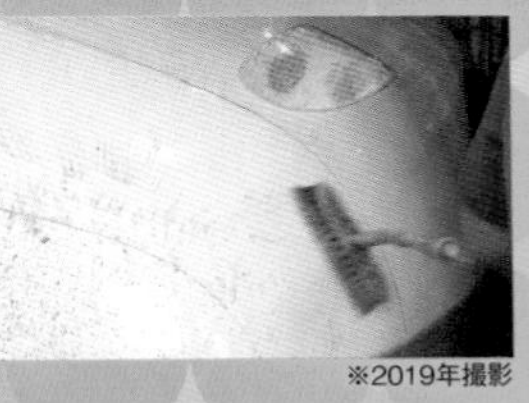

※2019年撮影

# Q 新型新幹線N700Sってどんなところが進化したん？

## A 安全面も、利便性もアップしているよ！

### 今までにない新幹線が登場した！

2020年７月より13年ぶりのフルモデルチェンジ車両となる新幹線N700Sが営業運転を開始した。2023年４月までに16両編成を計40本製造。いろんなところが進化している。

13年ぶりのフルモデルチェンジ車両！

うひょ～すげえ金額じゃ！

（車両製作費、補修部品費用等を含む）

ロマン
食卓
おうち
お店・町
働く車
でっかいもの

## 車内設備が進化！

携帯電話などの充電が全席でできるよう、全ての席のひじ掛け部分にコンセントを搭載している。ほかにも、車内ディスプレイの大型化、防犯カメラの設置、停車駅に近づくと荷棚に照明が灯るシステムなど車内設備が進化している。

## 世界初のバッテリー自走システム！

これまでの新幹線はパンタグラフ経由で送電線から電力を供給されており、地震などで停電すると動けなかった。しかしN700Sではモーターや変圧器などの小型化技術により、非常時でも走れる自走用バッテリーを搭載！ これは画期的な進化なんだ。

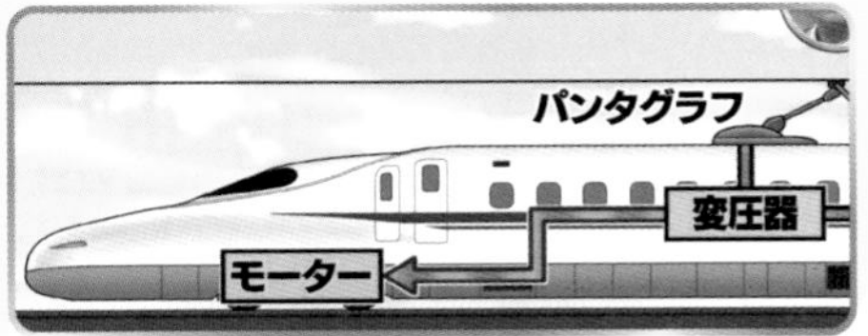


パンタグラフを経由して電力を供給していたため、停電すると動けなくなってしまう。

自走用バッテリー。

小型化したモーターや変圧器。

モーター類を小型化したことでバッテリーを収納できるように！

地震とかで停電も
多い日本では
ありがたい技術じゃ！

# Q 観光スポットとしてなんでダムが人気なん？

## A 迫力ある放流のほかにも観光客の心をつかむイベントが増えているから。

### 新たな観光スポット！

発電や洪水対策、水の利用などを目的としてつくられるダム。近年、観光目的でダムを訪れる人が増えている。お目当ての一番は、水しぶきもすごい放流で「ダム汁」なんて呼ばれているとか。そして観光客を増やすために、グルメやイベントも増加中だ。

神奈川県・宮ヶ瀬ダムには年間135万人の人が訪れる。

観光ダム人気No.1!
出典：日本経済新聞社「NIKKEIプラス１」2016年6月11日付


1秒間に30トン！　というダイナミックな放流！

ダムを真正面から見られる橋も！　豪快な水音や水しぶきが楽しめる。

ロマン
食卓
おうち
お店・町
働く車
でっかいもの

**黒部ダム**

日本一の高さ、壮絶な難工事でも知られる富山県の黒部ダム。今では毎年およそ100万人が訪れる。

**鳴子ダム**

宮城県の鳴子ダムでは、5月に雪解け水を放流する「すだれ放流」が人気。

**矢木沢ダム**

群馬県の矢木沢ダムで年に1度行われる「点検放流」。間近で見たい人たちが集まる！

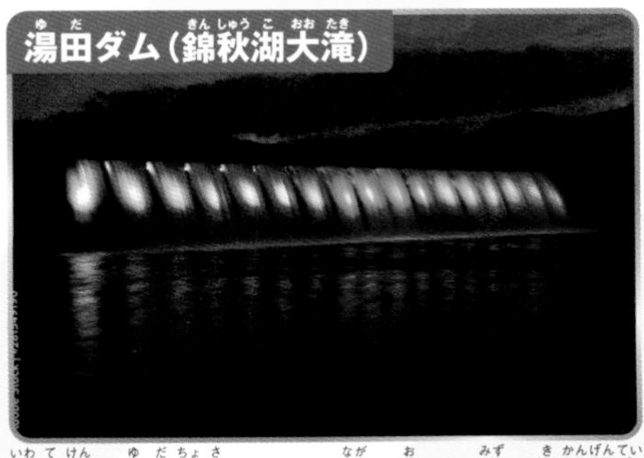

**湯田ダム（錦秋湖大滝）**

岩手県の湯田貯砂ダムから流れ落ちる水を期間限定でライトアップ！

**八ッ場ダム**

ダム建設で一部廃線となった線路で自転車型トロッコ。（冬期は閉鎖）

## ひみつミニコラム！

### 食べてみたいぞ！“ダムカレー”

ご飯をダム、カレーをダム湖に見立てたカレーライスが、各地で登場しているよ！

# Q 新しくできた「八ッ場ダム」って何がすごいん？

## A 首都圏最大級の最新式ダムなんだ！

### 生活を支えるダム！

群馬県・八ッ場ダムは、2020年３月に完成した高さ116m、幅291mという巨大な最新式ダム！　総貯水量は１億750万㎥（東京ドームで約87杯分）で首都圏の洪水対策と水の供給を主な目的としてつくられた。

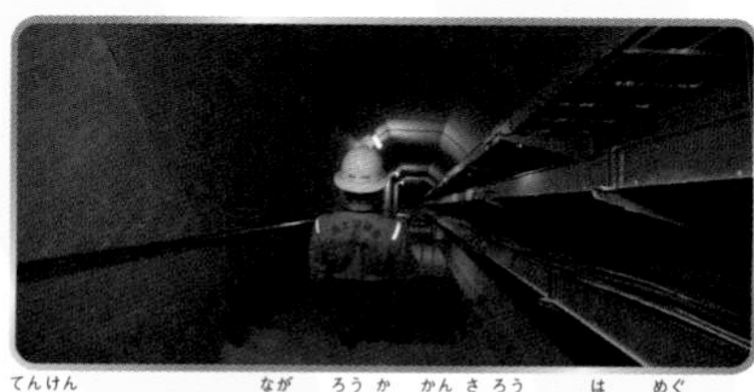

点検するための長い廊下「監査廊」が張り巡らされている！

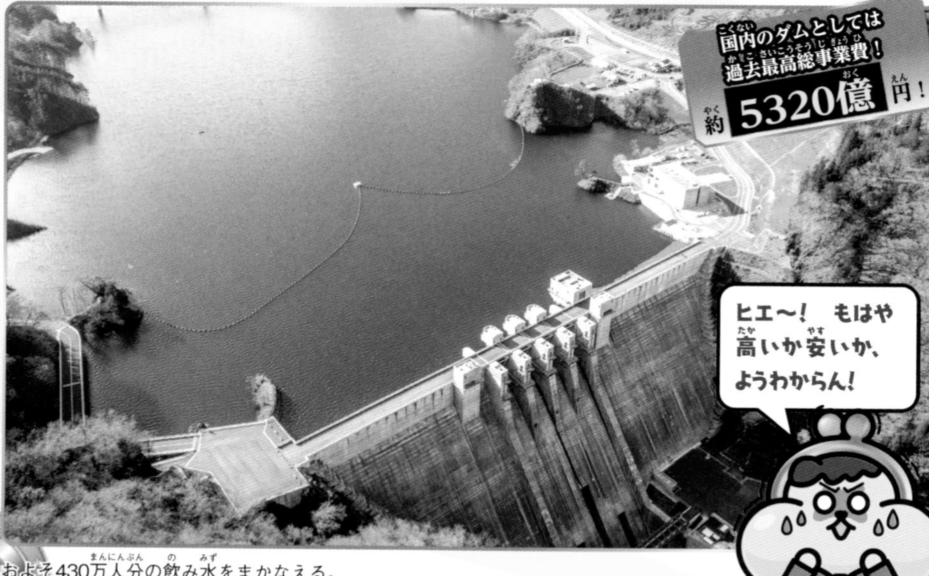

国内のダムとしては過去最高総事業費！
約5320億円！
ヒエ〜！　もはや高いか安いか、ようわからん！

およそ430万人分の飲み水をまかなえる。

# Q 八ッ場ダムの日本一細やかな水温調整ってどんなん？

## A 放水のための、水の汲みとり口が29段に分かれている！

### 水を安全に下流に流すために

八ッ場ダムでは、ダム湖のどの深さの水を放流するか、29段階で選べる。ここまで細かく分かれているダムは他にない。水温が低すぎる水や、濁った水を放流してしまって、田んぼや魚など下流の生態系に悪影響を与えないための最新システムなんだ。

29段連続サイホン式取水設備の上部。

横から見たところ。これがダム湖の下部まで続いていて取水できる。

にごりが少なく、下流に一番水温が近いゾーンから水を汲んで放流している！

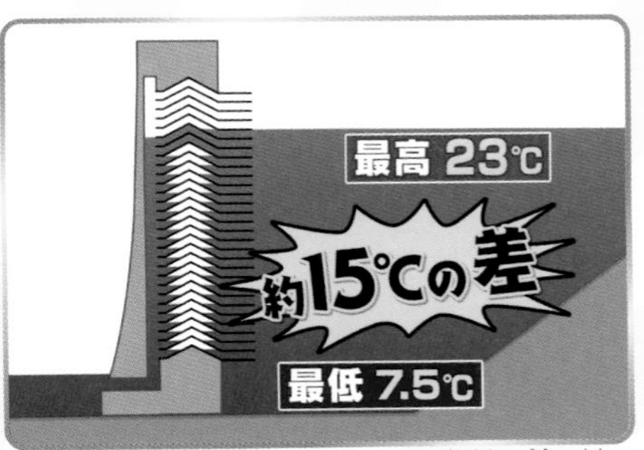


深さ最大100mほどの貯水池では、水温も上と下では違ってくる。例えば取材した日の場合、水温が15度も違っていたんだ！

これなら急に冷たい水が流れてきてお魚さんたちがビックリ、なんてこともなさそうじゃ！

# Q 八ッ場ダムの変形を感知する超高性能システムって？

# A ワイヤーを垂らして0.1mmの変形も感知する！

## 八ッ場ダムの心臓部とは!?

八ッ場ダムはダム本体のコンクリートの重さで水圧や地震などから耐える「重力式コンクリートダム」。最大1億トン以上もの貯水量を誇るダムなので壁にかかる水圧もすごい。わずかな変形も見逃さないよう最新の設備で日々チェックしている！

ダム本体はほとんどコンクリートだけでつくられている。

最大1億トン以上もの水をたくわえる八ッ場ダム。ためる水が多いときと少ないときとではダム本体に最大8mmほどの変形が生じる。

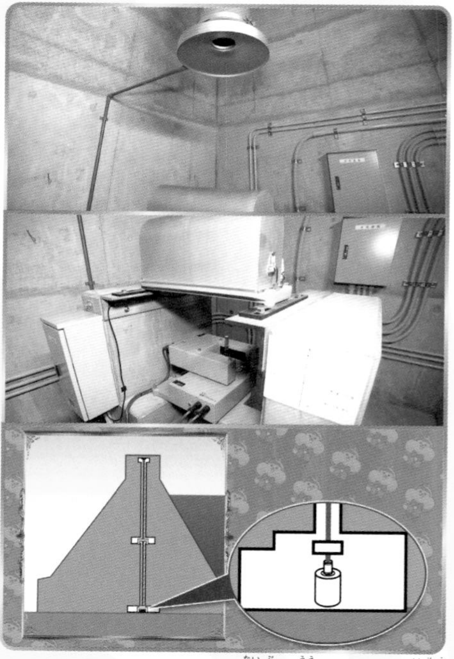

「プラムライン」といってダム内部に上から100m以上のワイヤーを垂らして微妙な変形を感知する設備。ワイヤーの先には金属の重りがついており、途中、何か所もワイヤーの位置を検出するセンサーがある。もし水圧や地盤の変化などでダムに変形が生じた場合、ワイヤーとセンサーの距離がズレるので異常を感知。0.1mmの変形も見逃さない！

ロマン
食卓
おうち
お店・町
働く車
でっかいもの

# Q 八ッ場ダムを守ってくれるダムがあるん？

## A 水質を改善するためのダムなんだ！

### “死の川”からダムや下流を守る！

八ッ場ダムに流れ込む吾妻川は強い酸性の川で、生き物が棲めず「死の川」と呼ばれたことも。八ッ場ダムの壁が酸性の水でダメージを受けないよう、上流にある湯川や品木ダムではアルカリ性の石灰を加え、水質を中和している！

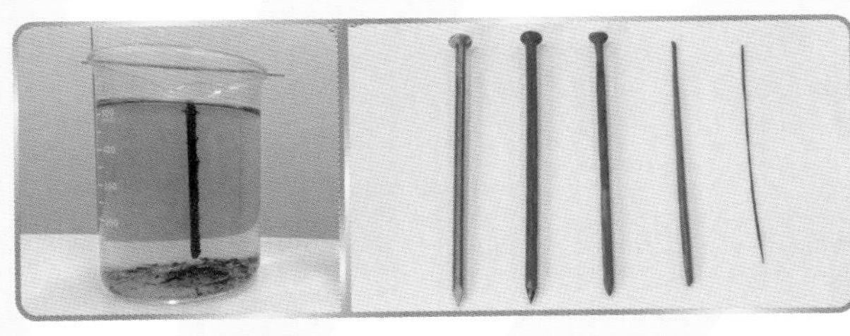

鉄も溶かす酸性の水！釘を入れれば10日で針金のようにしてしまう。

中和する工場設備の様子。

石灰を投入してアルカリ性に。

中和された水を流して酸性濃度を改善！

八ッ場ダムの20km上流にある品木ダム。ダムや橋などのコンクリートの劣化を防ぎ、川の水を飲み水へ活用できるようにしている。

ひゃあ～！ 八ッ場ダムを陰から支える品木ダム！ ご苦労さまじゃあ！

番外編！

# カネオくんの番組収録のヒミツって どうなっとるん？

わしのスタジオセット、すごいじゃろ〜！

スタジオセットのお値段

**高級車2台分**くらい！

カネオくんの番組収録は、東京・渋谷にあるNHK放送センターで行われているんだ。お金をテーマに作られたスタジオセットは、キラキラと光ってまぶしい！　細かいところまでこだわって作られているんだ。

たくさんのテレビカメラを使って、いろんな角度から撮影。

# 広いスタジオ!

スタジオセットの裏側はこんな感じ。多くのスタッフさんが働いているんだ。

# キラキラがすごい!

電飾の飾りがピカピカ。メタルのバルーンも!

宝箱もこだわりがすごい!

ひみつミニコラム!

## スタジオは収録ごとに片付ける

こんな立派なカネオくんのセットだけど、常設されているわけではない。同じスタジオでは全く違う番組収録も行われるため、一度収録が終わったら分解して、次の収録までしまっておくんだって!

ノブさんは
ここにおるんじゃ!

# カネオくんMC（エムシー）
# （ノブさん）の部屋!

スタジオの一角に設けられたのがカネオくんの声を担当するノブさんの部屋!

# 舞台裏（ぶたいうら）はこんな感じ（かん）

スタジオ入口（いりぐち）に並ぶ（なら）台本（だいほん）。

有吉（ありよし）さんはじめ、タレントの皆（みな）さんの楽屋（がくや）が並ぶ（なら）。

スタジオ前（まえ）の打ち合わせスペース。収録中（しゅうろくちゅう）はこの画面（がめん）で番組（ばんぐみ）の様子（ようす）が流れる（なが）。

スタジオに隣接（りんせつ）した副調整室（ふくちょうせいしつ）。照明（しょうめい）やマイクの調整（ちょうせい）、カメラの切り替え（きか）などが行われる（おこな）。

# Q ワシがどうやって動いとるのか教えたろ〜！

## A テレビゲームみたいにコントローラーで動き、透明モニタで映し出されている！

### ぬいぐるみじゃないって知ってた？

カネオくんって、ぬいぐるみみたいに動く人形だと思っている人はいないかな？　実は、カネオくんは透明なディスプレーモニタに映し出される、画面の中にいるキャラクターなんだ！

中央にいるカネオくん。実は背後が透けて見える透過ディスプレーに映し出されている！

カネオくんは、ゲーム機のコントローラーとジョイスティックで自由自在に動くんだ!!

# 本書内容に関するお問い合わせについて

このたびは翔泳社の書籍をお買い上げいただき、誠にありがとうございます。弊社では、読者の皆様からのお問い合わせに適切に対応させていただくため、以下のガイドラインへのご協力をお願い致しております。下記項目をお読みいただき、手順に従ってお問い合わせください。

## ご質問される前に

弊社Webサイトの「正誤表」をご参照ください。
これまでに判明した正誤や追加情報を掲載しています。
**正誤表**　https://www.shoeisha.co.jp/book/errata/

## ご質問方法

弊社Webサイトの「書籍に関するお問い合わせ」をご利用ください。
**書籍に関するお問い合わせ**
https://www.shoeisha.co.jp/book/qa/
インターネットをご利用でない場合は、FAXまたは郵便にて、
下記"翔泳社 愛読者サービスセンター"までお問い合わせください。
電話でのご質問は、お受けしておりません。

## 回答について

回答は、ご質問いただいた手段によってご返事申し上げます。ご質問の内容によっては、回答に数日ないしはそれ以上の期間を要する場合があります。

## ご質問に際してのご注意

本書の対象を超えるもの、記述個所を特定されないもの、また読者固有の環境に起因するご質問等にはお答えできませんので、予めご了承ください。

## 郵便物送付先およびFAX番号


**送付先住所**　〒160-0006　東京都新宿区舟町 5
**FAX番号**　03-5362-3818
**宛先**　（株）翔泳社 愛読者サービスセンター


※本書に記載されたURL等は予告なく変更される場合があります。
※本書の出版にあたっては正確な記述につとめましたが、著者や出版社などのいずれも、本書の内容に対してなんらかの保証をするものではなく、内容やサンプルに基づくいかなる運用結果に関してもいっさいの責任を負いません。